U0035594

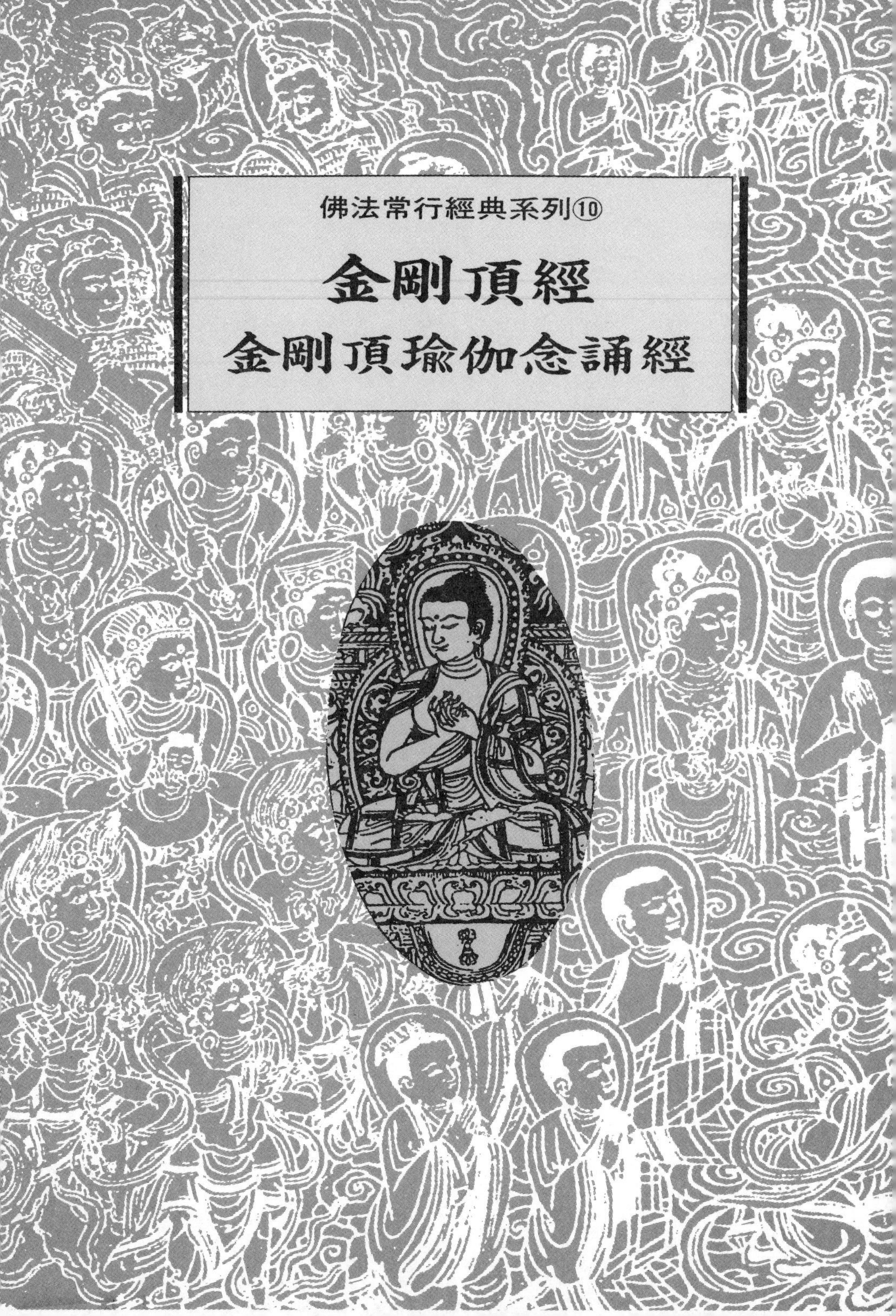
佛法常行經典系列⑩
金剛頂經
金剛頂瑜伽念誦經

佛法常行經典的出版因緣

佛法常行經典是承繼著佛菩薩經典及三昧禪法經典之後，再編輯的一套佛經系列，希望與前述的兩套經典一般，能夠帶給大眾佛法的甚深喜樂。

常行經典的編輯有兩個方向：一是普遍，本系列所選編的經典是全體佛教或各宗派中，必備的常用經典。二是精要，這些選編的經典不只普遍，而且涵蓋大乘佛法的各系精要，是每一位佛教徒都應該仔細研讀的根本經典。因此，我們除了有些常行經典，如《金剛經》、《心經》、《維摩詰經》等等，已在其他系列中編出，以及部份經典如《華嚴經》、《大寶積經》等，本身可以單獨成套之外，大都匯集於此處出版。

另外，這一套經典的產生，也可以說是教界大德與讀者催生的結果。因為我們開始推出一連串的經典系列，原本是為了推廣佛經閱讀、修持的新運動，希望使佛經成為我們人間生活的指導書，而不只是課誦本而已，並且圓滿「生活即佛經，佛經即生活」的目標。我們認為在這機緣的推動之下，以前可能只有百人完整閱讀過的佛經，會變成千人，乃至萬人閱讀，並使經典成為生活中的內容。而且在我們的編輯策劃下，當一個人他想要依止一位佛、菩薩或一類法門修持時，他只要隨時攜帶一本編纂完成的經典，就可以依教奉行。如果這種方式推廣成功的話，實在是一場閱讀與修行的革命，能使生活與佛法完整的結合。因此，雖然大眾十分訝異於我們竟然有勇氣去推動這麼艱難的工作，但是我們的心中只有歡喜。

也因為這樣的理念，剛開始時，許多常行的流通經典，並沒有列為第一波出版計劃。但是教界大德與讀者們，卻十分期望看到我們編輯這些常行經典的成果，並且能再予普遍推廣。對於他們的肯定，我們心中十分感激，並且從命編出。

正如同《法華經》中所宣說的：偉大的佛陀是以一大事因緣出現於世間，這一大事因緣就是要使眾生開、示、悟、入佛陀的知見。也就是說：佛陀出現於世間的真正目的，就是要我們具足佛陀的智慧，與他一樣成為圓滿的大覺如來。佛陀的大慈大悲深深的感動著我們，也讓我們在半夜之中觀空感泣。佛陀的大願，是那麼廣大，微小的我們要如何去圓滿佛陀的心願呢？現在我們只有用微薄的力量將具足佛陀微妙心語的經典編輯出來，供養給十方諸佛及所有的大德、大眾。

佛法常行經集共編輯成十本，這些經典的名稱如下：

一、妙法蓮華經、無量義經

二、悲華經

三、大乘本生心地觀經、勝鬘師子吼一乘大方便方廣經、大方等如來藏經

四、小品般若波羅蜜經

五、金光明經、金光明最勝王經

六、楞伽阿跋多羅寶經、入楞伽經

七、大佛頂如來密因修證了義諸菩薩萬行首楞嚴經

八、解深密經、大乘密嚴經

九、大毘盧遮那成佛神變加持經

十、金剛頂一切如來真實攝大乘現證大教王經、金剛頂瑜珈中略出念誦經

我們深深期望透過這些經典的導引，讓我們悟入無盡的佛智，得到永遠的幸福光明。

南無　本師釋迦牟尼佛

凡例

一、關於本系列經典的選取，以能彰顯全體佛教或各宗派中，常用必備的經典為主，期使讀者能迅速了解大乘佛法的精要。

二、本系列經典係以日本《大正新修大藏經》（以下簡稱《大藏經》）為底本，而以宋版《磧砂大藏經》（新文豐出版社所出版的影印本，以下簡稱《磧砂藏》）為校勘本，並輔以明版《嘉興正續大藏經》與《大正藏》本身所作之校勘，作為本系列經典之校勘依據。

三、《大藏經》有字誤或文意不順者，本系列經典校勘後，以下列符號表示之：

㈠改正單字者，在改正字的右上方，以「*」符號表示之。如《大乘本生心地觀經》卷一〈序品第一〉之中：

披精進甲報智慧劍，破魔軍衆而擊法鼓《大正藏》

披精進甲執智慧劍，破魔軍衆而擊法鼓《磧砂藏》

校勘改作為：

披精進甲*執智慧劍，破魔軍衆而擊法鼓《大正藏》

(二)改正二字以上者，在改正之最初字的右上方，以「*」符號表示之；並在改正之最末字的右下方，以「☆」符號表示之。

如《小品般若波羅蜜經》卷五〈小如品第十二〉之中：

我等要當令母久壽，身體安隱，無諸苦患、風雨寒熱、蚊虻毒螫？《大正藏》

我等云何令母久壽，身體安隱，無諸苦患、風雨寒熱、蚊虻毒螫？《磧砂藏》

校勘改作為：

我等*云何☆令母久壽，身體安隱，無諸苦患、風雨寒熱、蚊虻毒螫？

四、《大正藏》中有增衍者，本系列經典校勘刪除後，以「①」符號表示之；其中圓圈內之數目，代表刪除之字數。

如《小品般若波羅蜜經》卷三〈泥犁品第八〉之中：

般若波羅蜜力故，五波羅蜜得般若波羅蜜名《大正藏》

般若波羅蜜力故，五波羅蜜得波羅蜜名《磧砂藏》

校勘改作為：

般若波羅蜜力故，五波羅蜜得②波羅蜜名

五、《大正藏》中有脫落者，本系列經典校勘後，以下列符號表示之：

㈠脫落補入單字者，在補入字的右上方，以「◎」符號表示之。如《解深密經》卷二〈無自性相品第五〉之中：

未熟相續能令成熟《大正藏》

未成熟相續能令成熟《磧砂藏》

校勘改作為：

未◎成熟相續能令成熟

㈡脫落補入二字以上者，在補入之最初字的右上方，以「◎」符號表示之，並在補入之最末字的右下方，以「☆」符號表示之。

如《悲華經》卷四〈諸菩薩本授記品第四之二〉之中：

以見我故，寒所有衆生悉得煴樂《大正藏》

以見我故，寒冰地獄所有衆生悉得煴樂《磧砂藏》

校勘改作為：

以見我故，寒⊙冰地獄☆所有衆生悉得煴樂

六、本系列經典依校勘之原則，而無法以前面之各種校勘符號表示清楚者，則以「㊟」表示之，並在經文之後作說明。

七、《大正藏》中，凡不影響經義之正俗字（如：恆、恒）、通用字（如：蓮「華」、蓮「花」）、譯音字（如：目「犍」連、目「乾」連）等彼此不一者，本系列經典均不作改動或校勘。

八、《大正藏》中，凡現代不慣用的古字，本系列經典則以教育部所頒行的常用字取代之（如：讃→讚），而不再詳以對照表說明。

九、凡《大正藏》經文內本有的小字夾註者，本系列經典均以小字雙行表示之。

十、凡《大正藏》經文內之呪語，其斷句以空格來表示。若原文上有斷句序號而未空格時，則本系列經典均於序號之下，加空一格；但若作校勘而有增補空格或刪除原文之空格時，則仍以「◎」、「①」符號校勘之。又原文若無序號亦未斷句者，則維持原樣。

十一、本系列經典之經文，採用中明字體，而其中之偈頌、呪語及願文等，皆採用正楷字體。另若有序文、跋或作註釋說明時，則採用仿宋字體。

十二、本系列經典所作之標點、分段及校勘等，以儘量順於經義為原則，來方便讀者之閱讀。

十三、標點方面，自本系列經典起，表示時間的名詞（或副詞），如：時、爾時等，以不逗開為原則。

金剛頂經・金剛頂瑜伽念誦經序

《金剛頂一切如來真實攝大乘現證大教王經》梵名為Vajraśekhara-sarvatathāgata-satya-sangraha-mahāyāna-pratyutpannābhisambuddha-mahā-tantrarāja-sūtra。共有三卷。唐・不空譯所譯。略稱為《金剛頂大教王經》、《金剛頂經》。或單稱《三卷教王經》、《教王經》。為闡述密教金剛界法門的根本經典，與《大日經》合稱為兩部大經。

本經傳說原藏於南天竺的鐵塔內，由龍猛菩薩入塔內從金剛薩埵受此經，凡有十萬頌。後由龍猛傳門人龍智，再傳金剛智三藏。金剛智東渡時，在船中遇暴風侵襲，其經大半流失。故今翻譯流傳者僅是其中之一小部份。

關於《金剛頂經》的由來，由金剛智三藏口授、不空三藏筆錄之《金剛頂經大瑜伽祕密心地法門義訣》，有如下敘述：「此經有百千頌廣本，非此土所聞。

並是諸佛大菩薩等甚深祕密境界相，亦非聲聞、緣覺及人天小智之所聞知；此地《梵網經》兩卷從此經中出淺略之行相也，其中廣相，根末有堪……其百千頌本，復是《菩薩大藏經》中次略也；其大經本，阿闍梨云：經夾廣長如床，厚四五尺，有無量頌，在南天竺界鐵塔之中。佛滅度後數百年間，無人能開此塔。以鐵扉、鐵鎖而封閉之。其中天竺國佛法漸衰，時有大德（龍猛菩薩）先誦持毘盧遮那真言，得毘盧遮那佛而現其身及現多身，於虛空中說此法門及文字章句，次第令寫訖即滅。即今《毘盧遮那念誦法要》一卷。是時此大德持誦成就，願開此塔；於七日中，遶塔念誦，以白芥子七粒打此塔門乃開，塔內諸神，一時踊怒，不令得入。唯見塔內，香燈光明，一丈二丈，名華寶蓋，滿中懸列；又聞讚聲，讚此經王。時此大德至心懺悔，發大誓願，然後得入此塔中。入已，其塔尋閉，經於多日，讚此經王廣本一遍，為如食頃；得諸佛菩薩指授，所堪記持不忘，便令出塔，塔門還閉如故。爾時書寫所記持法，有百千頌。」

古來相傳此經有四本，一是法爾恒說本，即大日如來智法身常恒說法不斷之經典。二是塔內安置本，即無量頌廣本，係金剛薩埵蒙如來之教勅，將恒常本循諸經樣式，加入五成就而成之經典，置於南天竺鐵塔內待機緣而傳。三是十萬頌廣本，即龍猛菩薩從金剛薩埵所授的十萬頌本（十八會）。四是四千頌略本，即十萬頌之中的四千頌略本（十八會中之初會），今所傳譯者即屬此本。

所謂十八會，依《金剛頂瑜伽十八會指歸》所說，分別如下。初會：一切如來真實攝大乘見證大教王會，在色究竟天說。第二會：一切如來祕密主瑜伽會，在色究竟天說。第三會：一切教集瑜伽會，在法界宮殿說。第四會：降三世金剛瑜伽會，在須彌頂說。第五會：世間出世間瑜伽會，在波羅奈國空界說。第六會：大安樂不空三昧耶真實瑜伽會，在他化自在天說。第七會：普賢瑜伽會，在普賢菩薩宮殿說。第八會：勝初瑜伽會，在普賢菩薩宮殿說。第九會：一切佛集會拏吉尼戒網瑜伽會，在真言宮殿說。

第十會：三昧耶瑜伽會，在法界宮殿說。第十一會：大乘現證瑜伽會，在色究竟天說。第十二會：三昧耶最勝瑜伽會，在空界菩提道場說。第十三會：大三昧耶真實瑜伽會，在金剛界曼荼羅道場說。第十四會：如來三昧耶真實瑜伽會，在金剛界曼荼羅道場說。第十五會：秘密集會瑜伽會，在般若波羅蜜宮說。第十六會：無二平等瑜伽會，在法界宮殿說。第十七會：如虛空瑜伽會，在實際宮殿說。第十八會：金剛寶冠瑜伽會，在第四靜處天說。

其中，初會有大四品，即〈金剛界品〉、〈降三世品〉、〈遍調伏品〉、〈一切義成品〉。不空所譯的《金剛頂一切如來真實攝大乘現證大教王經》三卷即是〈金剛界品〉之譯本。此雖僅是十八會中的一小部分，但因譯文完備而受重視。內容略述金剛界如來入金剛三摩地、出生金剛界三十七尊、禮讚如來、建立金剛界大曼荼羅之儀則、引弟子入曼荼羅之法，及羯磨曼荼羅、三昧耶曼荼羅、法曼荼羅等。

此外，現今所流傳的略本中，另外有唐．金剛智譯《金剛頂瑜伽中略出念誦經》四卷，是十八會中初會之摘略，宋．施護譯《一切如來真實攝大乘現證三昧大教王經》三十卷，係十八會中初會之全譯本。二者內容雖有廣略之別，但應為同本異譯。另外其它屬於金剛界的經典，也有被稱為《金剛頂經》者，如《十住心論》卷十引《金剛峯樓閣一切瑜伽瑜祇經》、《祕藏寶鑰》卷下引《一字頂輪王儀軌》時，皆用《金剛頂經》一名。因為金剛峯與金剛頂同源異譯，均指金剛杵的尖端。

本經之註釋除上述《十八會指歸》一卷外，另有《金剛頂經大瑜伽祕密心地法門義訣》一卷、《金剛頂經疏》七卷、《金剛頂經開題》一卷、《教王經義記》三卷、《教王經解題》五卷等。

《金剛頂瑜伽中略出念誦經》共有四卷。唐・金剛智譯。又稱為《金剛頂略出念誦經》、《略出念誦經》、《略出經》。是由十萬頌（廣本）的《金剛頂經》中略出瑜伽祕要而成。本經卷一金剛智云：「我今於百千頌中，金剛頂大瑜伽教主中，為修瑜伽者，成就瑜伽法故，略說一切如來所攝真實最勝祕密之法。」

本經分為序分及正宗分二部份。各卷內容略如下列：卷一，首揭歸敬序，次明受法者之資格、對入壇者之慰諭、作壇場所之選定、阿闍梨之所作及入三摩地法（諸作法、道場觀、三十七尊出生等）。卷二，明五相成身觀及灌頂。卷三，述作曼荼羅法、諸作法及三十七尊、一切成就三摩耶契法，以及總供養等。卷四，述讚頌、念誦、別供養、入壇受法（受法者之希願、阿闍梨之慰諭，乃至灌頂等），以及護摩（護摩壇及爐、供物、護摩木、諸作法及慰諭等）。

本經對於灌頂等作法有特別詳細的說明，故本經為東密入壇灌頂作法之依據，與《金剛頂一切如來真實攝大乘現證大教王經》同為真言宗之重要典籍。其註釋有不空《金剛頂王經義訣》一卷及賢寶《略出經釋》一卷。

目錄

佛法常行經典的出版因緣 1

凡例 5

金剛頂經・金剛頂瑜伽念誦經序 10

金剛頂一切如來真實攝大乘現證大教王經　大唐　不空譯 1

卷上 3

金剛界大曼荼羅廣大儀軌品之一 3

卷中 25

大曼荼羅廣大儀軌品之二 25

卷下 46

大曼荼羅廣大儀軌品之三 46

金剛頂瑜伽中略出念誦經　大唐　金剛智譯 69

卷一 7
卷二 103
卷三 137
卷四 172

金剛頂一切如來真實攝大乘現證大教王經

金剛頂一切如來真實攝大乘現證大教王經卷上

開府儀同三司特進試鴻臚卿肅國公食邑三千戶賜紫贈司空謚大鑒正號大廣智大興善寺三藏沙門不空奉　詔譯

金剛界大曼荼羅廣大儀軌品之一

如是我聞：一時，婆伽梵成就一切如來金剛加持殊勝三昧耶智，得一切如來寶冠三界法王灌頂，證一切如來一切智智瑜伽自在，能作一切如來一切印平等種種事業，於無盡無餘一切有情界，一切意願、作業皆悉成就。大悲毘盧遮那常恒住三世一切身口心金剛如來，一切如來遊戲處，住阿迦尼吒天王宮中大摩尼殿，種種間錯鈴鐸繒幡微風搖激，珠鬘瓔珞半滿月等而為莊嚴。與九十俱胝菩薩眾俱，所謂：金剛手菩薩摩訶薩、聖觀自在菩薩摩訶薩、曼殊室利童真菩薩摩訶薩、虛空藏菩薩摩訶薩、金剛拳菩薩摩訶薩、纔發心轉法輪菩薩摩訶薩、虛空庫菩薩摩訶薩、摧一切魔力菩薩摩訶薩，如是等菩薩⊙摩訶薩☆而為上首。與恒河沙等數如來，猶如胡麻示現滿於閻浮提，於阿迦尼吒天亦復如是。彼無量數如來身，從一一身現無量阿僧祇佛剎，於彼佛剎還說此法理趣。

時婆伽梵大毘盧遮那如來，常住一切虛空，一切如來身口心金剛，一切如來互相涉入，一切金剛界覺悟智薩埵，一切虛空界微塵金剛加持所生智藏。一切如來無邊故，大金剛智灌頂寶，一切虛空舒遍真如智為現證三菩提。一切如來自身性清淨故，自性清淨一切法遍一切虛空，能現一切色智盡無餘，調伏有情界行最勝。一切如來不空作教令故，一切平等無上巧智，一切如來大菩提堅固薩埵，一切如來鉤召三昧耶，一切如來隨染智自在，一切如來善哉，一切如來灌頂寶，一切如來日輪圓光，一切如來思惟王摩尼寶幢，一切如來大笑，一切如來大清淨法，一切如來般若智，一切如來輪，一切如來祕密語，一切如來不空種種事業，一切如來大精進妙堅固甲冑，一切如來遍守護金剛藥叉，一切如來身口心金剛印智。

普賢妙不空，摩羅極喜主，空藏大妙光，寶幢大微笑。
能觀大自在，曼殊一切壇，無言種種業，精進怒堅持。
金剛鉤箭喜，寶日幢幡笑，蓮劍妙輪語，羯磨甲怖持。
無始無終寂，暴怒大安忍，藥叉羅剎勇，威猛大富貴。
鄔摩天世主，毘紐勝大寂，世護虛空地，三世及三界。
大種善人益，諸設縛祖父，流轉涅槃常，正流轉大覺。
覺清淨大乘，三有常恒者，降三世食樂，主宰諸能調。
堅主妙地勝，智彼岸理趣，解脫覺有情，行一切如來。
覺利益佛心，諸菩提無上，遍照最勝王，自然總持念。

大薩埵大印，　等持佛作業，　一切佛為身，　薩埵常益覺。
大根本大黑，　大染欲大樂，　大方便大勝，　諸勝宮自在。

婆伽梵大菩提心普賢大菩薩住一切如來心，時一切如來滿此佛世界猶如胡麻。爾時一切如來雲集，於一切義成就菩薩摩訶薩坐菩提場，往詣示現受用身，咸作是言：「善男子！云何證無上正等覺菩提，不知一切如來真實忍諸苦行？」

時一切義成就菩薩摩訶薩由一切如來警覺，即從阿娑頗娜伽三摩地起，禮一切如來，白言：「世尊如來！教示我云何修行？云何是真實？」

如是說已，一切如來異口同音告彼菩薩言：「善男子！當住觀察自⊙心三摩地，以自性成就真言，自恣而誦：

唵質多鉢囉二合底丁以反微騰迦嚕弭

時菩薩白一切如來言：「世尊如來！我遍知已，我見自心形如月輪。」

一切如來咸告言：「善男子！心自性光明，猶如遍修功用，隨作隨獲。亦如素衣染色，隨染隨成。」

時一切如來為令自性光明心智豐盛故，復勅彼菩薩言：

唵菩提質多畝怛波娜夜弭

「以此性成就真言，令發菩提心。」

時彼菩薩復從一切如來承旨，發菩提心已，作是言：「如彼月輪形，我亦如月輪形見。」

一切如來告言：「汝已發一切如來普賢心，獲得齊等金剛堅固，善住此一切如來普賢發心，於自心月輪思惟金剛形。」以此真言：

唵底瑟姹(合二)嚩日囉(合二)

菩薩白言：「世尊如來！我見月輪中金剛。」

一切如來咸告言：「令堅固一切如來普賢心金剛。」以此真言：

唵嚩日羅(合二)怛麼(合二)句唅

所有遍滿一切虛空界，一切如來身口心金剛界，以一切如來加持悉入於薩埵金剛，則一切如來於一切義成就菩薩摩訶薩，以金剛名號金剛界，金剛界灌頂。

時金剛界菩薩摩訶薩白彼一切如來言：「世尊如來！我見一切如來為自身。」

一切如來復告言：「是故摩訶薩，一切薩埵金剛，具一切形成就，觀自身佛形，以此自性成就真言，隨意而誦。」

唵也他薩婆怛他誐多薩怛(合二)他唅

作是言已，金剛界菩薩摩訶薩現證自身如來，盡禮一切如來已，白言：「唯願世尊諸如來加持於我，令此現證菩提堅固。」

作是語已，一切如來入金剛界如來，彼薩埵金剛中。時世尊金剛界如來當彼剎那頃，現證等覺一切如來平等智，入一切如來平等智三昧耶，證一切如來法平等智自性清淨，則成一切如來平等自性光明智藏如來、應供、正遍知。時一切如來復從一切如來薩埵金剛出，以虛空藏大摩尼寶灌頂，發生觀自在法智，安立一切如來毘首羯磨，由此往詣須彌盧頂金剛摩尼寶峯樓閣，至已，金剛界如來以一切如來加持，於一切如來師子座一切面安立。時不動如來、寶生如來、觀自在王如來、不空成就如來一切如來，以一切如來加持自身。婆伽梵釋迦牟尼如來，一切平等善通達故，一切方①等觀察四方而*住。

爾時世尊毘盧遮那如來不久現*證等覺一切如來普賢心，獲得一切如來虛空發生大摩尼寶灌頂，得一切如來觀自在法智彼岸，一切如來毘首羯磨不空無礙教，圓滿事業，圓滿意樂。一切如來性於自身加持，即入一切如來普賢摩訶菩提薩埵三昧耶出生薩埵加持金剛三摩地，一切如來大乘現證三昧耶名一切如來心，從自心出：

嚩日羅二合薩怛嚩二合下同

纔出一切如來心，即彼婆伽梵普賢為眾多月輪，普淨一切有情大菩提心，於諸佛所周圍而住。從彼眾多月輪出一切如來智金剛，即入婆伽梵毘盧遮那如來心，由普賢堅牢故，從金剛薩埵三摩地，由一切如來加持，合為一體量盡虛空，遍滿成五峯光明。一切如來身口心出生金剛形，從一切如來心出，住佛掌中。復從金剛出金剛形種種色相，舒遍照曜一切世界。從彼金剛光明門，出一切世界微塵等如來身，遍周法界，究竟一切虛空，遍一切世界雲海，遍證一切如來平等智神境通。發一切如來大菩提心，成辦普賢種種行，承事一切如來，往詣大菩提場摧諸魔軍，證成一切如來平等大菩提，轉正法輪，乃至拔濟一切，利益安樂盡無餘有情界，成就一切如來智最勝神境通悉地等，示現一切如來神通遊戲普賢故，金剛薩埵三摩地妙堅牢故，聚為一體，生普賢摩訶菩提薩埵身，住世尊毘盧遮那佛心，而說嗢陀南：

奇哉我普賢，　堅薩埵自然，　從堅固無身，　獲得薩埵身。

時普賢大菩提薩埵身從世尊心下一切如來前，依月輪而住，復請教令。時婆伽梵入一切如來智三昧耶，名金剛三摩地，受用一切如來戒、定、慧、解脫、解脫知見，轉正法輪，利益有情大方便力精進大智三昧耶，無盡無餘拔濟有情界一切主宰，安樂悅意故，乃至得一切如來平等智、神境通、無上大乘現證最勝悉地果故，一切如來成就金剛授與彼普賢摩訶菩提薩埵，一切如來轉輪王灌頂。以一切佛身寶冠繒綵灌頂已，授與雙手，則一切如來以金剛名，號金剛手。金剛手灌頂時，金剛手菩薩摩訶薩左慢右舞，弄跋折羅，則彼金剛安自心持增進勢，說此嗢陀南：

此是一切佛，　成金剛無上，　授與我手掌，　金剛加金剛。

爾時世尊復入不空王大菩薩三昧耶，所生薩埵加持名金剛三摩地，名一切如來鉤召三昧耶一切如來心，從自心出：

嚩日囉(二合)遲(引)惹

從一切如來心纔出已，則彼婆伽梵金剛手為一切如來大鉤，出已，入世尊毘盧遮那心，聚為一體，生金剛大鉤形，住佛掌中。從金剛大鉤形出現一切世界微塵等如來身，召請一切如來等，作一切佛神通遊戲，妙不空王故，金剛薩埵三摩地極堅牢故，聚為一體，生不空王大菩薩身，住毘盧遮那佛心，說此嗢陀南：

奇哉不空王，　金剛所生鉤，　由遍一切佛，　為成就鉤召。

時不空王大菩薩身從佛心下，依一切如來右月輪而住，復請教令。時婆伽梵入一切如來鉤召三昧耶，名金剛三摩地，受一切如來鉤召三昧耶，盡無餘有情界一切鉤召，一切安樂悅意故，乃至一切如來集會加持最勝悉地故，則彼金剛鉤授與不空王大菩薩雙手，一切如來以金剛名，號金剛鉤召。金剛鉤召灌頂時，金剛鉤召菩薩摩訶薩以金剛鉤鉤召一切如來，說此嗢陀南：

此是一切佛，　無上金剛智，　成諸佛利益，　最上能鉤召。

爾時婆伽梵復入摩羅大菩薩三昧耶，出生薩埵加持名金剛三摩地，一切如來隨染三昧耶名一切如來心，從自心出：

嚩日囉二合邏哦

從一切如來心纔出已，即彼婆伽梵持金剛為一切如來花器仗，出已，入世尊毘盧遮那佛心，聚為一體，生大金剛箭形，住佛掌中。從彼金剛箭形出一切世界微塵等如來身，作一切如來隨染等，作一切佛神通遊戲極殺故，金剛薩埵三摩地極堅牢故，聚為一體，生摩羅大菩薩身，住世尊毘盧遮那佛心，說此嗢陀南：

奇哉自性淨，　隨染欲自然，　離欲清淨故，　以染而調伏。

時彼摩羅大菩薩身從世尊心下，依一切如來左月輪而住，復請教令。時世尊入一切如來隨染加持，名金剛三摩地，受一切如來能殺三昧耶，盡無餘有情界，隨一切安樂悅意故，乃至得一切如來摩羅業最勝悉地果故，則彼金剛箭授與摩羅大菩薩雙手，則一切如來以金剛名，號金剛弓。金剛弓灌頂時，金剛弓菩薩摩訶薩以金剛箭殺一切如來，說此嗢陀南：

此是一切佛，　染智無瑕穢，　以染害厭離，　能施諸安樂。

爾時婆伽梵復入極喜王大菩薩三昧耶，所生薩埵加持名金剛三摩地，一切如來極喜三昧耶名一切如來心，從自心出：

嚩日囉(二合)娑度

從一切如來心纔出已，則彼婆伽梵持金剛為一切如來善哉相，入世尊毘盧遮那佛心，聚為一體，生大歡喜形，住佛掌中。從彼歡喜形出一切世界微塵等如來身，作一切如來善哉相，作一切佛神通遊戲極喜故，金剛薩埵三摩地極堅牢故，聚為一體，生歡喜王大菩薩身，住世尊毘盧遮那佛心，說此嗢陀南：

奇哉我善哉，　諸一切勝智，　所離分別者，　能生究竟喜。

時歡喜王大菩薩身從世尊心下，依一切如來後月輪而住，復請教令。時世尊入一切如來等喜加持，名金剛三摩地，已受一切如來等喜，一切安樂悅意故；乃至得一切如來無等喜，一切安樂悅意故；乃至得一切如來無上喜味，最勝悉地果故；則彼金剛喜授彼歡喜王大菩薩摩訶薩雙手，則一切如來以金剛名，號金剛喜。金剛喜灌頂時，金剛喜菩薩摩訶薩以金剛喜善哉相歡悅一切如來，說此嗢陀南：

此是一切佛，　能轉善哉相，　作諸喜金剛，　妙喜令增長。

大菩提心一切如來鉤召三昧耶，一切如來隨染智大歡喜，如是一切如來大三昧耶薩埵。

爾時婆伽梵復入虛空藏大菩薩三昧耶，所生寶加持名金剛三摩地，一切如來灌頂三昧耶名一切如來心，從自心出：

嚩日囉(二合)囉怛那(二合)

從一切如來心纔出已，一切虛空平等性智善通達故，金剛薩埵三摩地極堅牢故，聚為一體，則彼婆伽梵持金剛，為一切虛空光明。出已，以一切虛空光明照耀一切有情界，成一切虛空界，以一切如來加持一切虛空界，入世尊毘盧遮那佛心。善修習故，金剛薩埵三摩地，一切虛空界胎藏所成，一切世界遍滿等量，出生大金剛寶形，住佛掌中。從彼金剛寶形，出一切世界微塵等如來身，出生已，作一切如來灌頂等，於一切世界，作一切如來神通遊戲，虛空界胎臟妙出生故，金剛薩埵三摩地極堅牢故，聚為一體，生虛空藏大菩薩身，住世尊毘盧遮那佛心，說此嗢陀南：

奇哉妙灌頂，　無上金剛寶，　由佛無所著，　名為三界主。

時彼虛空藏大菩薩身從世尊心下，依一切如來前月輪而住，復請教令。時世尊入一切如來大摩尼寶，名金剛三摩地，受一切如來圓滿意樂三昧耶，盡無餘有情界，獲一切義利，受一切安樂悅意故，乃至得一切如來利益最勝榮盛悉地故，受彼金剛摩尼，與彼虛空藏大菩薩摩訶薩金剛寶轉輪王授與金剛寶形灌頂，安於雙手，則一切如來以金剛名，號金剛藏。金剛藏灌頂時，金剛藏菩薩摩訶薩以金剛摩尼，安自灌頂處，說此嗢陀南：

此是一切佛，　灌頂有情界，　授與我手掌，　寶安於寶中。

爾時婆伽梵復入大威光大菩薩三昧耶，出生寶加持名金剛三摩地，一切如來光三昧耶名一切如來心，從自心出：

嚩日囉合二帝惹

從一切如來心纔出已，即彼婆伽梵金剛手為衆多大日輪，出已，入世尊毘盧遮那佛心聚為一體，生大金剛日形，住佛掌中。從彼金剛日輪出一切世界微塵等如來身，放一切如來光明等，作一切佛神通遊戲，極大威光故，金剛薩埵三摩地極堅牢故，聚為一體，生大威光菩薩摩訶薩身，住世尊毘盧遮那佛心，說此嗢陀南：

奇哉無比光，　照耀有情界，　能淨清淨者，　諸佛救世者。

時彼無垢大威光菩薩身從世尊心下，依一切如來右月輪而住，復請教令。時世尊入一切如來圓光加持，名金剛三摩地，受一切如來光三昧耶，盡無餘有情界無比光，一切安樂悅意故，乃至得一切如來自光明最勝悉地故。金剛日授與大威光菩薩摩訶薩雙手，則一切如來以金剛名，號金剛光。金剛光灌頂時，金剛光菩薩摩訶薩以彼金剛日照曜一切如來，說此嗢陀南：

此是一切佛，　能壞無智暗，　設微塵數日，　此光超於彼。

爾時婆伽梵復入寶幢大菩薩三昧耶，出生寶加持名金剛三摩地，一切如來滿意願三昧耶名一切如來心，從自心出：

嚩日囉(二合)計都

從一切如來心纔出已，即彼婆伽梵持金剛為種種色幢幡莊嚴形，出已，入世尊毘盧遮那佛心，聚為一體，生金剛幢形，住佛掌中。從彼金剛幢形出一切世界微塵等如來身，建一切如來寶幢等，作一切佛神通遊戲，大寶幢故，金剛薩埵三摩地極堅牢故，聚為一體，生寶幢大菩薩身，住世尊毘盧遮那佛心，說此嗢陀南：

奇哉無比幢，　一切益成就，　一切意滿者，　令滿一切願。

時彼寶幢大菩薩身從世尊心下，依一切如來左月輪而住，復請教令。時世尊入一切如來建立加持，名金剛三摩地，受一切如來思惟王摩尼幢能建三昧耶，盡無餘有情界，令一切意願圓滿，一切安樂悅意故，乃至得一切如來大利益最勝悉地果故，則彼金剛幢授彼寶幢菩薩摩訶薩雙手，則一切如來以金剛名，號金剛幢。金剛幢灌頂時，彼金剛幢菩薩摩訶薩以金剛幢安立一切如來於檀波羅蜜，說此嗢陀南：

此是一切佛， 能滿諸意欲， 名思惟寶幢， 是檀度理趣。

爾時婆伽梵復入常喜悅大菩薩三昧耶，出生寶加持名金剛三摩地，一切如來喜悅三昧耶名一切如來心，從自心出：

嚩日囉二合賀娑

從一切如來心纔出已，即彼婆伽梵持金剛為一切如來微笑，出已，入世尊毘盧遮那佛心，聚為一體，生金剛笑形，住佛掌中。從彼金剛笑形出一切世界微塵等如來身，作一切如來奇特等，作一切佛神通遊戲，常喜悅根故，金剛薩埵三摩地極堅牢故，聚為一體，生常喜悅根大菩薩身，住世尊毘盧遮那佛心，說此嗢陀南：

奇哉我大笑， 諸勝大奇特， 安立佛利益， 常住妙等引。

時彼常喜悅根大菩薩身從世尊心下，依一切如來後月輪而住，復請教令。時世尊入一切如來奇特加持，名金剛三摩地，受一切如來出現三昧耶，盡無餘有情界，一切根無上安樂悅意故，乃至得一切如來根清淨智神境通果故；則彼金剛微笑授與彼常喜悅根大菩薩摩訶薩雙手，則一切如來以金剛名，號金剛喜。金剛喜灌頂時，金剛喜菩薩摩訶薩以金剛微笑悅一切如來，說此嗢陀南：

此是一切佛，　奇哉示出現，　能作大喜悅，　他師不能知。

大灌頂尋圓光，有情大利、大笑，如是一切如來大灌頂薩埵。

爾時婆伽梵復入觀自在大菩薩三昧耶，出生法加持名金剛三摩地，一切如來法三昧耶名一切如來心，從自心出：

嚩日囉(二合)達摩

從一切如來心纔出已，即彼婆伽梵持金剛，自性清淨，一切法平等智善通達故，金剛薩埵三摩地為正法光明。出已，以彼正法光明照曜一切世界，成為法界。盡法界入世尊毘盧遮那佛心，聚為一體，量遍虛空法界，生大蓮華形，住佛掌中。從彼金剛蓮華形出一切世界微塵等如來身，一切如來三摩地智神境通等，作一切。佛神通遊戲，於一切世界妙觀自在故，金剛薩埵三摩地極堅牢故，聚為一體，生觀自在大菩薩身，住世尊毘盧遮那佛心，說此嗢陀南：

奇哉我勝意，　本清淨自然，　諸法如筏喻，　清淨而可得。

時彼觀自在大菩薩身從世尊心下，依一切如來前月輪而住，復請教令。時世尊入一切如來三摩地智，三昧耶出生，名金剛三摩地，能淨一切如來，盡無餘有情界我清淨，一切安樂悅意故，乃至得一切如來法智神境通果故；則彼金剛蓮花授與觀自在菩薩摩訶薩正法轉輪王，授與一切如來法身灌頂，灌於雙手，則一切如來以金剛名，號金剛眼。金剛眼灌頂時，金剛眼菩薩摩訶薩則彼金剛蓮花，如開敷蓮花勢，觀察貪染清淨無染著自性，觀已說此嗢陀南：

此是一切佛，　覺悟欲真實，　授與我手掌，　法安立於法。

爾時婆伽梵復入曼殊室利大菩薩三昧耶，出生法加持名金剛三摩地，一切如來大智慧三昧耶名一切如來心，從自心出：

嚩日囉(合二)底乞灑拏(合三)

從一切如來心纔出已，即彼婆伽梵持金剛為衆多慧劍，出已，入世尊毘盧遮那佛心，聚為一體，生金剛*劍形，住佛掌中。則從彼金剛劍形出一切世界微塵等如來身，一切如來智慧等，作一切佛神通遊戲妙吉祥故，金剛薩埵三摩地極堅牢故，聚為一體，生曼殊室利大菩薩身，住世尊毘盧遮那佛心，說此嗢陀南：

奇哉一切佛，　我名微妙音，　由慧無色故，　音聲而可得。

時彼曼殊室利大菩薩身從世尊心下，依一切如來右月輪而住，復請教令。時世尊入一切如來智慧三昧耶，名金剛三摩地，斷一切如來結使三昧耶，盡無餘有情界斷一切苦，受一切安樂悅意故，乃至得一切如來隨順音聲慧圓滿成就故，則彼金剛劍授與曼殊室利大菩薩摩訶薩雙手，則一切如來以金剛名，號金剛慧。金剛慧灌頂時，金剛慧菩薩摩訶薩以金剛劍揮斫，說此嗢陀南：

此是一切佛，　智慧度理趣，　能斷諸怨敵，　除諸罪最勝。

爾時婆伽梵復入纔發心轉法輪菩薩摩訶薩三昧耶，出生法加持名金剛三摩地，一切如來輪三昧耶名一切如來心，從自心出：

嚩日囉合二係都

從一切如來心纔出已，即彼婆伽梵持金剛，成金剛大曼荼羅，為一切如來大漫荼羅，出已，入世尊毘盧遮那佛心，聚為一體，生金剛輪形，住佛掌中。從彼金剛輪形出一切世界微塵等如來身，纔發心轉法輪故，金剛薩埵三摩地極堅牢故，聚為一體，生纔發心轉法輪菩薩摩訶薩身，住世尊毘盧遮那佛心，說此嗢陀南：

奇哉金剛輪，　我金剛勝持，　由纔發心故，　能轉妙法輪。

時彼纔發心轉法輪大菩薩身從世尊心下，依一切如來左月輪而住，復請教令。時世尊入一切如來輪，名金剛三摩地，一切如來大漫荼羅三昧耶，盡無餘有情界，令入得不退轉法輪，受一切安樂悅意故，乃至轉一切如來正法輪最勝悉地故；則彼金剛輪授與纔發心轉法輪大菩薩摩訶薩雙手，則一切如來，以金剛名，號金剛場。金剛場灌頂時，彼金剛場菩薩摩訶薩以彼金剛輪令一切如來安立不退轉，說此嗢陀南：

此是一切佛，　能淨一切法，　是則不退轉，　亦名菩提場。

爾時婆伽梵復入無言大菩薩摩訶薩三昧耶，出生法加持名金剛三摩地，一切如來念誦三昧耶名一切如來心，從自心出：

嚩日囉合二婆沙

從一切如來心纔出已，即彼婆伽梵金剛手，為一切如來法文字，出已，入世尊毘盧遮那佛心，聚為一體，生金剛念誦形，住佛掌中。從彼金剛念誦形，出一切世界微塵等如來身，一切如來法性等，作一切佛神通遊戲，妙語言故，金剛薩埵三摩地極堅牢故，聚為一體，生無言大菩薩身，住世尊毘盧遮那佛心，說此嗢陀南：

奇哉自然密，　我名祕密語，　所說微妙法，　遠離諸戲論。

時彼無言大菩薩身從世尊心下，依一切如來後月輪而住，復請教令。時世尊入一切如來祕密語，名金剛三摩地一切如來語智三昧耶，盡無餘有情界，令語成就，受一切安樂悅意故，乃至得一切如來語祕密體性最勝悉地故；則彼金剛念誦授與無言大菩薩摩訶薩雙手，則一切如來，以金剛名，號金剛語。金剛語灌頂時，金剛語菩薩摩訶薩以彼金剛念誦共一切如來談論，說此嗢陀南：

此是一切佛，　名金剛念誦，　於一切如來，　真言速成就。

金剛法智性，一切如來智慧大轉輪智，一切如來語輪轉戲論智，此是一切如來大智薩埵。

金剛頂一切如來真實攝大乘現證大教王經卷上

金剛頂一切如來真實攝大乘現證大教王經卷中

開府儀同三司特進試鴻臚卿肅國公食邑三千戶賜紫贈司空謚大監正號大廣智大興善寺三藏沙門不空奉　詔譯

大曼荼羅廣大儀軌品之二

爾時婆伽梵復入一切如來毘首羯磨大菩薩三昧耶，出生羯磨加持，名金剛三摩地；一切如來羯磨三昧耶，名一切如來心，從自心出：

嚩日囉(二合)羯磨

從一切如來心纔出已，一切如來羯磨平等智善通達故，金剛薩埵三摩地，即從婆伽梵持金剛，為一切如來羯磨光明，出已，以彼一切如來羯磨光明照耀一切有情界，為一切如來羯磨界，其盡一切如來羯磨界，入世尊毘盧遮那佛心，聚為一體，量遍一切虛空界，則一切如來羯磨界故，生羯磨金剛形，住佛掌中。則從羯磨金剛形出一切世界微塵等如來身，於一切世界，一切如來羯磨等，作一切佛神通遊戲，作一切如來無邊事業故，金剛薩埵三摩地極堅牢故，聚為一體，生一切如來毘首羯磨大菩薩摩訶薩身，住世尊毘盧遮那佛心，說此嗢陀南：

奇哉佛不空，　我一切業多，　無功作佛益，　能轉金剛業。

爾時毘首羯磨大菩薩身從世尊心下，依一切如來前月輪而住，復請教令。時世尊入一切如來不空金剛三昧耶，名金剛三摩地，轉一切供養等無量不空一切業軌儀廣大三昧耶，盡無餘有情界作一切悉地，受一切安樂悅意故，乃至成就一切如來金剛羯磨性智神境通果故，則彼羯磨金剛授與一切如來金剛羯磨大菩薩，為一切如來羯磨轉輪王，以一切如來灌頂，授與雙手，則一切如來以金剛名，號金剛毘首。金剛毘首灌頂時，彼金剛毘首菩薩摩訶薩則安立羯磨金剛於自心，令安一切如來羯磨平等處，說此嗢陀南：

此是一切佛，　作種種勝業，　授*於我掌中，　以業安於業。

爾時婆伽梵復入難敵精進大菩薩摩訶薩三昧耶，出生羯磨加持名金剛三摩地，一切如來守護三昧耶名一切如來心，從自心出：

嚩日囉(二合)路乞沙(二合)

從一切如來心纔出已，即彼婆伽梵金剛手，為衆多堅固甲冑，出已，入世尊毘盧遮那佛心，聚為一體，生大金剛甲冑形，住佛掌中。從彼金剛甲冑形出一切世界微塵等如來身，一切如來守護儀軌廣大事業等，作一切佛神通遊戲，難敵精進故，金剛薩埵三摩地極堅牢故，聚為一體，生難敵精進大菩薩身，住世尊毘盧遮那佛心，說此嗢陀南：

奇哉精進甲，　我固堅固者，　由堅固無身，　作金剛勝身。

時彼難敵精進大菩薩身從世尊心下，依一切如來右月輪而住，復請教令。時世尊入一切如來堅固名金剛三摩地，一切如來精進波羅蜜三昧耶，救護盡無餘有情界，受一切安樂悅意故，乃至得一切如來金剛身成就果故；則金剛甲冑授與難敵精進大菩薩雙手，則一切如來以金剛名，號金剛慈友。金剛慈友灌頂時，彼金剛慈友菩薩摩訶薩以金剛甲冑被一切如來，說此嗢陀南：

此是一切佛，　是勝慈甲冑，　堅精進大護，　名為大慈友。

爾時婆伽梵復入摧一切魔大菩薩摩訶薩三昧耶，出生羯磨加持名金剛三摩地，一切如來方便三昧耶名一切如來心，從自心出：

嚩日囉(二合)藥乞灑(二合)

從一切如來心纔出已，即彼婆伽梵持金剛，為眾多大牙器仗，出已，入世尊毘盧遮那佛心，聚為一體，生金剛牙形，住佛掌中。從彼金剛牙形出一切世界微塵等如來身，作一切降伏暴怒等，為一切佛神通遊戲，一切魔善摧伏故，金剛薩埵三摩地極堅牢故，聚為一體，生摧一切魔大菩薩身，住世尊毘盧遮那佛心，說此嗢陀南：

奇哉大方便，　諸佛之慈愍，　由有形寂靜，　示作暴怒形。

時彼摧一切魔大菩薩身從世尊心下，依一切如來左月輪而住，復請教令。時世尊入一切如來極怒金剛三摩地，一切如來調伏難調，盡無餘有情界施無畏，受一切安樂悅意故，乃至得一切如來大方便智神境通最勝悉地果故；則彼金剛牙器仗授與彼摧一切魔大菩薩雙手，則一切如來以金剛名，號金剛暴怒。金剛暴怒灌頂時，彼金剛暴怒菩薩摩訶薩以彼金剛牙器仗安自口中，恐怖一切如來，說此嗢陀南：

此是一切佛，　調伏諸難調，　金剛牙器仗，　方便愍慈者。

爾時婆伽梵復入一切如來拳大菩薩摩訶薩三昧耶，出生羯磨加持名金剛三摩地，一切如來身口心金剛縛三昧耶名一切如來心，從自心出：

嚩日囉(合二)散地

從一切如來心纔出已，即彼婆伽梵持金剛，為一切如來一切印縛，出已，入世尊毘盧遮那佛心，聚為一體，生金剛縛形，住佛掌中。從彼金剛縛形出一切世界微塵等如來身，出已，於一切世界，一切如來印縛智等，作一切佛神通遊戲，一切如來拳善縛故，金剛薩埵三摩地極堅牢故，聚為一體，生一切如來拳大菩薩身，住世尊毘盧遮那佛心，說此嗢陀南：

奇哉妙堅縛，　我堅三昧耶，　成諸意樂故，　解脫者為縛。

時彼一切如來拳大菩薩身從世尊心下，依一切如來後月輪而住，復請教令。

時世尊入一切如來三昧耶，名金剛三摩地，一切如來印三昧耶，盡無餘有情界，令一切如來聖天現驗一切悉地，受一切安樂悅意故，乃至得一切如來一切智智印，主宰最勝悉地果故；則彼金剛縛授與一切如來金剛拳大菩薩摩訶薩雙手，則彼一切如來以金剛名，號金剛拳。金剛拳灌頂時，彼金剛拳菩薩摩訶薩以彼金剛縛縛一切如來，說此嗢陀南：

此是一切佛，　印縛大堅固，　速成諸印故，　不越三昧耶。

一切如來供養廣大儀軌業，一切如來大精進堅固甲胄，一切如來大方便，一切如來一切印縛智，如是一切如來大羯磨薩埵。

爾時不動如來成就世尊毘盧遮那一切如來智已，印一切如來智故，入金剛波羅蜜三昧耶，所生金剛加持名金剛三摩地，一切如來金剛三昧耶名一切如來印，從自心出：

薩怛嚩嚩日離

從一切如來心纔出已，出金剛光明。從彼金剛光明門，即彼婆伽梵持金剛為一切世界微塵等如來身，印一切如來智，復聚為一體，等一切世界量，生大金剛形，依世尊毘盧遮那佛前月輪而住，說此嗢陀南：

奇哉一切佛， 薩埵金剛堅，
由堅無身故， 獲得金剛身。

爾時世尊寶生如來印世尊毘盧遮那一切如來智故，入寶波羅蜜三昧耶所生寶金剛加持名金剛三摩地，金剛三昧耶名自印，從自心出：

囉怛那嚩日離二合

從一切如來心纔出已，出寶光明。從彼寶光明，即彼婆伽梵持金剛為一切世界微塵等如來身，印一切如來智，復聚為一體，等一切世界量，生大金剛寶形，依世尊毘盧遮那佛右月輪而住，說此嗢陀南：

奇哉一切佛，　我名寶金剛，　於一切印衆，　堅灌頂理趣。

爾時世尊觀自在王如來，印世尊毘盧遮那一切如來智故，入法波羅蜜三昧耶所生法金剛加持名金剛三摩地，法三昧耶名自印，從自心出：

達摩嚩日離合二

從一切如來心纔出已，出蓮花光明。從彼蓮華光明，即彼婆伽梵持金剛為一切世界微塵等如來身，印一切如來智，復聚為一體，等一切世界量，生大金剛蓮花形，依世尊毘盧遮那佛後月輪而住，說此嗢陀南：

奇哉一切佛，　法金剛我淨，　由自性清淨，　令貪染無垢。

爾時世尊不空成就如來印毘盧遮那一切如來智故，入一切波羅蜜三昧耶所生金剛加持名金剛三摩地，一切三昧耶名自印，從自心出：

羯磨嚩日離合二

從一切如來心纔出已，出一切羯磨光明。從彼一切如來羯磨光明，即彼婆伽梵持金剛為一切世界微塵等如來身，遍印一切如來智，復聚為一體，等一切世界量，面向一切處生大羯磨金剛形，依世尊毘盧遮那佛左月輪而住，說此嗢陀南：

奇哉一切佛，　我名業金剛，　由一成一切，　佛界善作業。

一切如來智三昧耶大灌頂金剛法性一切供養，如是一切如來大*波羅蜜。

爾時世尊毘盧遮那佛，復入一切如來適悅供養三昧耶所生名金剛三摩地，一切如來族大天女從自心出：

嚩日囉(二合)邏西

從一切如來心纔出已，出金剛印。從彼金剛印門，則彼婆伽梵持金剛為一切世界微塵等如來身，復聚為一體，為金剛嬉戲大天女，如金剛薩埵，一切身性種種形色威儀一切莊嚴具，攝一切如來族金剛薩埵女，依世尊不動如來曼荼羅左邊月輪而住，說此嗢陀南：

奇哉無有比，　諸佛中供養，　由貪染供養，　能轉諸供養。

爾時世尊毘盧遮那復入一切如來寶鬘灌頂三昧耶所生名金剛三摩地，一切如來族大天女從自心出：

嚩日囉二合摩犁

從一切如來心纔出已，出大寶印。從彼大寶印，則彼婆伽梵持金剛為一切世界微塵等如來身，復聚為一體，為金剛鬘大天女，依世尊寶生如來曼荼羅左邊月輪而住，說此嗢陀南：

奇哉我無比，稱為寶供養，於三界王勝，教勅受供養。

爾時世尊毘盧遮那復入一切如來歌詠供養三昧耶所生名金剛三摩地，一切如來族大天女從自心出：

嚩日囉二合霓以愚反帝

從一切如來心纔出已，出一切如來法印。從一切如來法印，則彼婆伽梵持金剛為一切世界微塵等如來身，復聚為一體，為金剛歌詠大天女，依世尊觀自在王如來左邊月輪而住，說此嗢陀南：

奇哉成歌詠，　我供諸見者，　由此供養故，　諸法如響應。

爾時世尊毘盧遮那復入一切如來舞供養所生名金剛三摩地，一切如來族大天女從自心出：

嚩日囉（二合）儞哩（二合）帝曳

從一切如來心纔出已，出一切如來舞廣大儀。從彼出一切如來舞供養儀，則彼婆伽梵持金剛為一切世界微塵等如來身，復聚為一體，為金剛舞大天女，依世尊不空成就如來左邊月輪而住，說此嗢陀南：

奇哉廣供養，　作諸供養故，　由金剛舞儀，　安立佛供養。

一切如來無上安樂悅意三昧耶，一切如來鬘，一切如來諷詠，一切如來無上作供養業，如是一切如來祕密供養。

爾時世尊不動如來奉答毘盧遮那如來供養故，入一切如來能悅澤三昧耶所生名金剛三摩地，一切如來婢使從自心出：

嚩日囉（二合）杜閉

從一切如來心纔出已，則彼婆伽梵持金剛為種種儀，燒香供養雲⊙海嚴飾，舒遍一切金剛界，出已，從彼燒香供養雲海出一切世界微塵等如來身，復聚為一體，為金剛燒香天女身，依世尊金剛摩尼寶峯樓閣隅左邊月輪而住，說此嗢陀南：

奇哉大供養，　悅澤具端嚴，　由薩埵遍入，　速疾證菩提。

爾時世尊寶生如來奉答毘盧遮那如來供養故，入寶莊嚴供養三昧耶所生名金剛三摩地，一切如來承旨大天女從自心出：

嚩日囉二合補澁閉二合

從一切如來心纔出已，即彼婆伽梵持金剛為一切花供養嚴飾，舒遍一切虛空界，出已，從彼一切花供養嚴飾，出一切世界微塵等如來身，出已，復聚為一體，為金剛花天女形，依如來金剛摩尼寶峯樓閣隅左邊月輪而住，說此嗢陀南：

奇哉花供養，　能作諸莊嚴，　由如來寶性，　速疾獲供養。

爾時世尊觀自在王如來奉答世尊毘盧遮那供養故，入一切如來光明供養三昧耶所生名金剛三摩地，一切如來女使從自心出：

嚩日囉(二合)路計

從一切如來心纔出已，即彼婆伽梵持金剛出一切光明界供養嚴飾，舒遍盡法界，從彼一切光明界莊嚴具，出一切世界微塵等如來身，出已，復聚為一體，為金剛光明天女身，依世尊金剛摩尼寶峯樓閣隅左邊月輪而住，說此嗢陀南：

奇哉我廣大，　供養燈端嚴，　由速具光明，　獲一切佛眼。

爾時世尊不空成就如來奉答毘盧遮那如來供養故，入一切如來塗香供養三昧耶所生名金剛三摩地，一切如來婢使從自心出：

嚩日囉(二合)巘題

從一切如來心纔出已，則彼婆伽梵持金剛出一切塗香供養嚴飾，舒遍一切法界，從彼一切塗香供養嚴飾出一切世界微塵等如來身，出已，復聚為一體，為金剛塗香天女身，依世尊金剛摩尼寶峯樓閣隅左邊月輪而住，說此嗢陀南：

奇哉香供養，　我微妙悅意，　由如來香故，　授與一切身。

一切如來智遍入大菩提支分三昧耶，一切如來光明戒、定、慧、解脫、解脫知見塗香，如是一切如來受教令*安。

爾時世尊毘盧遮那如來復入一切如來三昧耶鉤三昧耶所生薩埵名金剛三摩地，一切如來一切印衆主從自心出：

嚩日囉合二矩睑

從一切如來心纔出已，則彼婆伽梵持金剛出一切如來、一切印衆，從彼一切如來、一切印衆出一切世界微塵等如來身，復聚為一體，為金剛鉤大菩薩身，依世尊金剛摩尼寶峯樓閣金剛門中月輪而住，鉤召一切如來三昧耶，說此嗢陀南：

奇哉一切佛，　鉤誓我堅固，　由我遍鉤召，　集諸曼荼羅。

爾時世尊復入一切如來三昧耶引入摩訶薩埵三昧耶所生名金剛三摩地，一切如來印入承旨從自心出：

嚩日囉合二播睑

從一切如來心纔出已，則彼婆伽梵持金剛出一切如來三昧耶引入印衆，從彼一切如來三昧耶引入印衆出一切世界微塵等如來身，復聚為一體，為金剛索大菩薩身，依世尊金剛摩尼寶峯樓閣寶門間月輪而住，引入一切如來，說此嗢陀南：

奇哉一切佛，　我堅金剛索，　設入諸微塵，　我復引入此。

爾時世尊復入一切如來三昧耶鎖大薩埵三昧耶所生名金剛三摩地，一切如來三昧耶縛一切如來使從自心出：

嚩日囉合二薩普合二吒

從一切如來心纔出已，則彼婆伽梵持金剛出一切如來三昧耶縛為印衆，從彼一切如來三昧耶縛印衆出已，出一切世界微塵等如來身，復聚為一體，為金剛鎖大菩薩身，依世尊金剛摩尼寶峯樓閣法門中月輪而住，說此嗢陀南：

奇哉一切佛，　大堅金剛鎖，　令諸縛脫者，　有情利故縛。

爾時世尊復入一切如來遍入大菩薩三昧耶所生名金剛三摩地，一切如來一切印僮僕從自心出：

嚩日囉合二吠捨

從一切如來心纔出已，則彼婆伽梵持金剛為一切如來印主，出已，從彼一切如來印主出一切世界微塵等如來身，復聚為一體，為金剛遍入大菩薩身，依世尊金剛摩尼寶峯樓閣羯磨門中月輪而住，說此嗢陀南：

奇哉一切佛，　我堅金剛入，　為一切主宰，　亦即為僮僕。

一切如來三昧耶鉤召、引入、縛、調伏，如是一切如來教令。

爾時世尊為一切如來召集故，作金剛彈指相，說此一切如來召集加持心：

嚩日囉合二三摩惹

由刹那攞嚩須臾頃，一切如來彈指相警覺已，遍一切世界雲海中，一切世界微塵等如來并菩薩集會曼荼羅集已，往詣金剛摩尼寶峯樓閣世尊毘盧遮那如來所，至已說禮一切如來足心：

唵薩嚩合二怛他蘖多播那滿娜曩迦嚕彌

由此性成就真言隨意念誦，禮一切如來已，說此嗢陀南：

奇哉大普賢，　菩薩之敬儀，　是如來輪壇，　影現於如來。

時十方一切世界集會如來說已，由一切如來加持，一切菩薩集會曼荼羅，入毘盧遮那佛心。從彼一切如來心，各各自菩薩眾曼荼羅出已，依世尊毘盧遮那佛金剛摩尼寶峯樓閣周圍作壇三摩地而住，說此嗢陀南：

奇哉一切佛，　廣大無始生，　由一切塵數，　獲得佛一性。

爾時婆伽梵一切如來復作集會，令金剛界大曼荼羅加持故，得盡無餘有情界拔濟一切利益安樂故，乃至一切如來平等智、神境通、三菩提最勝成就故，奉請婆伽梵一切如來主宰金剛薩埵無始無終大持金剛，以此一百八讚而請：

金剛勇大心，　金剛諸如來，　普賢金剛初，　我禮金剛手。
金剛王妙覺，　金剛鉤如來，　不空王金剛，　我禮金剛召。
金剛染大樂，　金剛箭能伏，　魔欲大金剛，　我禮金剛弓。
金剛善薩埵，　金剛戲大適，　歡喜王金剛，　我禮金剛喜。
金剛寶金剛，　金剛空大寶，　寶藏金剛峯，　我禮金剛藏。
*金剛威大炎，　金剛日佛光，　金剛光大威，　我禮金剛光。
金剛幢善利，　金剛幡妙喜，　寶幢大金剛，　我禮金剛剎。

金剛笑大笑，金剛笑大奇，愛喜金剛勝，我禮金剛愛。
金剛法善利，金剛蓮妙淨，世貴金剛眼，我禮金剛眼。
金剛利大乘，金剛劍仗器，妙吉金剛染，我禮金剛慧。
金剛因大場，金剛輪理趣，能轉金剛起，我禮金剛場。
金剛說妙明，金剛誦妙成，無言金剛成，我禮金剛語。
金剛業教令，金剛廣不空，業金剛遍行，我禮金剛巧。
金剛護大勇，金剛甲大堅，難敵妙精進，我禮金剛勤。
金剛盡方便，金剛牙大怖，摧魔金剛峻，我禮金剛忿。
金剛令威嚴，金剛能縛解，金剛拳勝誓，我禮金剛拳。
若有持此名，百八寂靜讚，金剛名灌頂，彼亦獲如是。
若有以此名，讚大持金剛，正意歌詠者，彼如持金剛。
我等以此名，一百八名讚，願大乘現證，遍流大理趣。
我等讚汝尊，願說最勝儀，一切佛大輪，勝大曼荼羅。

爾時婆伽梵大持金剛聞一切如來請語，入一切如來三昧耶所生加持三摩地，說金剛界大曼荼羅：

次當我遍說，勝大曼荼羅，由如金剛界，名為金剛界。
如教應安坐，於曼荼羅中，大薩埵大印，思惟應加持。
住印則當起，顧視於諸方，倨傲而按行，誦金剛薩埵。
以新線善合，應量以端嚴，以線智應抨，隨力曼荼羅。
四方應四門，四剎而嚴飾，四線而交絡，繒綵鬘莊嚴。
隅分一切處，門戶於合處，鈿飾金剛寶，應抨外輪壇。
彼中如輪形，應入於中宮，金剛線遍抨，八柱而莊嚴。
於金剛勝柱，應飾五輪壇，於中曼荼羅，安立佛形像。
佛一切周圍，曼荼羅於中，四勝三昧耶，次第而圖畫。
金剛進而步，於四曼荼羅，阿閦毘等四，安立一切佛。
應作不動壇，*齊金剛持等，金剛藏等滿，寶生曼荼羅。

金剛眼淨業，無量壽輪壇，應畫不空成，金剛巧等壇。

安立於輪隅，應畫金剛女，外壇於隅角，應畫佛供養。

門中一切處，守護門四衆，安立於外壇，應畫摩訶薩。

即勝三昧耶，結印如儀則，金剛師入已，摧印而遍入，

此諸遍入心，天[去]嘌請勅如本教，自身加持等，作已稱自名。

應以金剛成，薩埵金剛鉤，金剛師則結，召集作彈指。

應請一切佛，剎那頃諸佛，并金剛薩埵，應滿一切壇。

集會曼荼羅，則速疾大印，觀金剛薩埵，一遍稱百八。

由結集則喜，如來皆堅固，金剛薩自成，慈友而安住。

諸門一切處，鉤等而作業，以大羯磨印，安住三昧耶。

以印三昧耶，薩埵金剛等，應成大薩埵，誦弱吽鑁斛。

則不等一切，召集大薩埵，鉤召引入已，縛已令調伏。

則以密供養，令喜大威德，應自有情利，願作一切成。

如是諸壇中，　金剛師事業。

金剛頂一切如來真實攝大乘現證大教王經卷中

金剛頂一切如來真實攝大乘現證大教王經卷下

開府儀同三司特進試鴻臚卿肅國公食邑三千戶賜紫贈司空謚大監正號大廣智大興善寺三藏沙門不空奉　詔譯

大曼荼羅廣大儀軌品之三

次當廣說金剛弟子入金剛大曼荼羅儀軌。於中我先說令入盡無餘有情界，拔濟利益安樂最勝悉地因果故，入此大曼荼羅，是器非器不應簡擇。何以故？世尊！或有有情作大罪者，彼入此金剛界大曼荼羅，見已、入已離一切惡趣。世尊！或有有情諸利飲食貪欲染著，憎惡三昧耶為先行等，如是等類隨意愛樂，入已則得滿一切意願。世尊！或有有情愛樂歌舞、嬉戲、飲食、翫具，由不曉晤一切如來大乘現證法性故，入餘天族曼荼羅，於滿一切意願攝受無上能生愛樂歡喜，一切如來族曼荼羅禁戒怖畏不入，為彼入惡趣壇路門，應入此金剛界大*曼荼羅，為令一切適悅最勝悉地，安樂悅意受用故，能轉一切惡趣現前道故。世尊！復有住正法有情，為一切眾生，求一切如來戒、定、慧最勝悉地方便佛菩提故，久修禪定解脫地等，勞倦彼等，入此金剛界大曼荼羅，纔入已，一切如來果尚不難，何況餘悉地類！

次當且先以四禮，禮一切如來，全身舒臂，金剛合掌，以心臆著地，禮東方，真言曰：

唵薩嚩怛他蘖多布儒(開口角脣呼)跛薩他(三合)哪耶怛麼(二合)南儞嘌(二合)耶多夜彌薩嚩怛他蘖多嚩日羅(二合)薩怛嚩(二合)地瑟姹(二合)薩嚩𤚥

即前金剛合掌住心，以額禮南方，真言曰：

唵薩嚩怛他蘖多布惹引毘曬迦耶怛麼合二南涅哩合二夜多夜彌薩嚩怛他蘖多嚩日羅合二囉怛那合二毘詵遮𤙖

即前金剛合掌，安於頭，以口著地，禮西方，真言曰：

唵薩嚩怛他蘖多布惹鉢羅合二韈嘌合二多那夜怛麼南涅哩夜多夜弭薩嚩怛他蘖多嚩日囉達摩鉢囉韈嘌多合二夜𤙖

即前金剛合掌當心，以頂著地，禮北方，真言曰：

唵薩嚩怛他蘖多布惹羯磨尼輕呼阿怛麼南涅哩夜多夜弭薩嚩怛他蘖多嚩日囉羯磨路𤙖

則以緋繒角絡披，以緋帛覆面，令弟子結薩埵金剛印以此心：

三摩耶薩怛鑁合二

則以二中指令持花鬘，以此心真言令入三摩耶吽，入已作是言：

阿儞也合二薩怛鑁合二薩婆怛他蘖多句犁鉢囉尾瑟吒合二薩多合二娜悍諦嚩日囉枳若合二那

母怛跛合二那以使也合二弭曳那枳娘合二泥那怛鑁薩婆怛他蘖多悉地囉比避囉鉢旦合二嘶金吉溪反布那囉惹悉馱藥囉惹那遮怛嚩耶涅哩瑟吒摩訶曼荼羅寫也合二嚩羯哆尾闍合二麼提三摩渝尾也合二他儞渧丁翼反

金剛阿闍黎自應結薩埵金剛印*及安弟子頂，作是言：「此是三昧耶金剛，摧汝頂，不應說。」

加持誓水一遍，令弟子飲誓水，真言曰：

嚩日囉薩埵薩嚩延諦儞耶合二紇唎那曳娑摩嚩悉體以汀反哆捏尼逸反避儞也合二薩怛乞叉合二喃夜耶儞也合二儞沒嚕合二耶儞難那去闍嚩日嚕娜迦坼

則告弟子：「自今已後，汝觀娑跢我如金剛手。我所應言，汝當如是作。汝不應輕慢於我，勿令汝招災禍，死已當墮地獄。」

作如是語已，唯願一切如來加持，願金剛薩埵遍入。金剛阿闍梨應結薩埵金剛印，作是言：

阿衍怛三摩欲開口呼縛日囕合二嚩日囉薩怛嚩弭底以丁反薩密哩合二耽阿尾捨野都諦曳嚩合二

嚩日囉枳孃那摩弩怛囕嚩日囉引吠奢噁

則結忿怒拳，摧薩埵金剛印，隨意金剛語，誦大乘現證百字真言，則阿尾捨。纔阿尾捨已，則發生微妙智，由此知他心，悟他心，於一切事知三世，其心則得堅固，於一切如來教中，悉除一切苦惱，離一切諸惡趣，於一切有情無沮壞，一切如來加持，一切悉地現前得未曾有，生喜悅安樂悅意。由此安樂等，或成就三摩地，或陀羅尼門，或一切意願皆得滿足，乃至成就一切如來體性。則結彼印，以解於弟子心，誦此心真言：

底瑟姹二合嚩日囉涅哩濁咩婆嚩捨濕嚩二合都咩婆嚩紇唎娜閻咩地底瑟姹薩嚩悉朕亭淫反上遮咩鉢囉二合也車吽呵呵呵呵斛引

則以其花鬘，令弟子擲於大曼荼羅，以此心真言：

鉢囉底車嚩日囉斛引

隨花落處，則彼尊成就，則取彼花鬘繫弟子頭上，以此心真言：

唵鉢囉底仡哩紇拏怛嚩弭給薩怛嚩摩訶麼攞

由此則大薩埵攝受速得成就，成入已則解面，以此心真言：

唵嚩日囉薩埵薩嚩延帝儞耶合二灼乞芻引二合娜伽姹曩怛鉢合二囉烏那伽咤野底丁以反薩嚩乞㗭嚩日囉合二灼乞㗭囉努多嚂

則誦見真言：

係嚩日囉波捨

則令弟子次第而視大曼荼羅，纔見已，一切如來加持護念，則金剛薩埵住彼弟子心，則見種種光相遊戲神通。由見曼荼羅，由如來加持故，或見婆伽梵大持金剛示現本形，或見如來。從此已後，一切義利，一切意所樂事，一切悉地乃至獲得持金剛及如來示大曼荼羅已，則以金剛加持香水瓶，灌弟子頂，以此心真言：

嚩日囉毘詵遮

則隨以一印，繫鬘以自幖幟，安於二手掌中，誦心真言：

阿儞也合二毘色羯多合二薩怛嚩合二麼斯沒代嚩日囉毘篩羯哆伊難帝薩嚩勃馱怛鑁合二吃哩紇拏合二嚩日囉蘇悉馱曳吽嚩日囉地波底怛嚩合二麼毘詵遮彌底瑟姹嚩日羅三摩耶薩

則以金剛名灌以此心真言：

唵嚩日羅薩怛嚩合二左摩毘詵遮弭嚩日囉那摩毘篩羯哆偏嚩日羅合二麼麼

金剛某甲若與弟子受名號，應加係用呼之。已廣說入一切曼荼羅儀，則問弟子言：「汝愛樂出生悉地智耶？神通悉地智耶？持明悉地智耶？乃至一切如來智最勝悉地智耶？」

隨彼所樂應說之，則教義利悉地成辦印智。

金剛形住藏，　當於心中觀，　觀已住於地，　則當見伏藏。

金剛形觀已，　空中而遍觀，　若見隨墮處，　彼則是伏藏。

金剛形於舌，　智者應是觀，　自言此處有，　語已成真實。

金剛形一切，　應當觀自身，　遍入落於彼，　其處是伏藏。

彼等心真言：

嚩日囉偏地囉怛娜偏地達摩偏地羯摩偏地

次應教金剛悉地成辦印智。

金剛入生已，　水成金剛形，　由觀速成就，　於水上遊行。
復生金剛入，　身色如自形，　修習於如是，　自然如佛形。
遍入於自身，　自身觀如空，　隨樂修習已，　則得安達怛。
金剛入自己，　觀自如金剛，　乃至踊上昇，　則得虛空行。

如是等真言曰：

嚩日囉喏攞嚩*日囉嚕波嚩*日囉迦奢嚩*日羅麼𤚥

次則教金剛持明悉地成辦印智。

應觀月形像，　上踊於虛空，　手攀於金剛，　得金剛持明。
昇於月輪上，　應觀金剛寶，　淨身者隨欲，　剎那成騰空。
昇於月輪已，　手持金剛蓮，　應觀金剛眼，　則得持明位。
住於月輪中，　應觀業金剛，　速獲金剛巧，　則得諸持明。

如是等心真言曰：

嚩日羅達攞囉怛娜達攞播娜磨達攞羯磨達攞

次則教一切如來最勝悉地成辦印智。

住諸金剛定，　思於虛空界，　隨樂金剛身，　剎那成騰空。
住諸淨等持，　修習於最勝，　獲得五神通，　速疾智成就。
觀金剛薩埵，　遍於一切空，　速念堅固已，　則為持金剛。
一切成佛形，　觀想於虛空，　由諸佛等持，　則得成正覺。

如是等真言曰：

嚩日囉嚩日囉述馱述馱薩怛縛薩怛縛沒馱沒馱

如上，是一切悉地智成辦。

次當令弟子持祕密堪忍法，初日誦誓心真言曰：

唵嚩日囉薩怛嚩(二合)薩嚩延諦儞耶(二合)吃唎那曳平薩摩嚩薩體(以汀反)哆捏(尼逸反)避儞也(二合)怛乞叉(二合)南夜耶儞也(二合)儞沒嚕(二合)耶儞難那(去)闍

則告如是言：「汝不應越此誓心真言，勿令汝招災禍夭壽，以此身墮地獄。」

則應教祕密印智，生金剛入已，等引而手拍微細金剛掌，山石尚敬愛。

次是金剛拍印。

入金剛儀已，　金剛縛掌擊，　以微細掌法，　山石尚遍入。

以如上入儀，　金剛縛舒展，　勝拍應等摧，　剎那壞百族。

微細遍入儀，　諸指以等引，　金剛縛而解，　能奪勝諸苦。

次當說祕密成就於婆伽入身女人或丈夫，一切想入已，彼身令遍舒。

如是等心真言曰：

嚩日囉縛笞嚩日囉尾捨嚩日囉訶那嚩日囉訶囉

即應授與心真言已，教自本尊四智印，以此儀則告弟子言：「汝慎於餘人未知此印，一切不應指示。何以故？彼有情不見大曼荼羅，輒結彼等皆不成就，則生疑惑，招災禍速死，墮於無間大地獄，墮於惡趣。」

次當說一切如來薩埵成就大印智。

從心智應發，　應觀金剛日，　觀自為佛形，　應誦金剛界。

由此纔成就，獲智壽力年，得一切遍行，佛體尚不難。

此是一切如來現證菩提印。

次當說結金剛薩埵成就大印。

倨傲抽擲杵，等持金剛慢，身口心金剛，成金剛薩埵。

由此遍行印，諸欲生安樂，通壽力勝色，如金剛薩埵。

以三金剛儀，如畫順修習，幖幟印相應，成就大薩埵。

我今說諸教，能成及所成，成就者大業，我今次第說。

每日先依時，及自加持等，作已成如初，然後應隨意。

次當廣說大印成就儀則。

遍入金剛已，大印如儀則，身前應當結，思惟大薩埵。

見彼智薩埵，應觀於自身，鉤召引入縛，令喜作成就。

如是等真言曰：

嚩日囉薩怛嚩(二合)噁

此是金剛遍入心：

嚩日羅薩怛嚩涅哩合二舍野

此是大薩埵觀念心：

弱吽鑁斛引

此是大薩埵鉤召引入縛令喜心。

誦三昧耶薩怛鑁合二，遍入背後而月輪，於中應觀而薩埵，我三昧耶薩怛鑁。

隨彼薩埵印，　修習觀自身，　金剛語以成，　能成就諸印。
誦弱吽鑁斛，　身中入諸佛，　應作善思惟，　令大印成就。
我今說事業，　金剛業無上，　由觀佛成就，　速獲佛自性。
成薩埵金剛，　為諸佛主宰，　由結寶金剛，　為諸寶主宰。
成就法金剛，　則能持佛法，　由業金剛印，　則為金剛業。
成金剛薩埵，　由結薩埵印，　能召持金剛，　金剛召相應。
金剛染大印，　能染一切佛，　令喜一切佛，　由金剛善哉。

奉施佛灌頂，　由寶印儀則，　速為金剛光，　由金剛光儀。
持習金剛幢，　則滿一切願，　由金剛笑儀，　共諸佛戲笑。
持金剛法已，　由金剛法儀，　得諸佛勝慧，　由金剛利儀。
持習金剛輪，　則能轉法輪，　成就佛語言，　由金剛語儀。
速獲金剛業，　由作金剛業，　擐服金剛甲，　獲得金剛身。
成金剛藥叉，　如金剛藥叉，　一切印成就，　由結金剛拳。
以金剛嬉戲，　獲大金剛悅，　由結金剛鬘，　從佛獲灌頂。
金剛歌相應，　獲得金剛歌，　由結金剛舞，　則供養諸佛。
悅澤皆一切，　由金剛燒香，　金剛花相應，　令敬諸群品。
由金剛燈印，　供養故獲眼，　能除一切苦，　由金剛香儀。
由金剛鉤召，　能作諸勝業，　能一切引入，　由金剛索儀。
金剛鎖相應，　堪任一切縛，　由金剛入儀，　能成諸遍入。

次當說一切如來金剛三昧耶智印。

堅固結合掌，諸指互交結，名為金剛掌，極結金剛縛。
諸三昧耶印，皆生金剛縛，我今說結儀，金剛結無上。
堅薩埵金剛，中指豎如牙，大中如寶形，中指而反屈。
*餘指如蓮葉，中指於交合，頭指附中指，名為第五佛。

我今遍說如來族三昧耶勝印。

由結作成就，二手如月形，中指如金剛，餘指面不著。
金剛薩埵印，頭鉤勝指交，由如彈指勢，金剛薩埵四。
此為衆印等，寶金剛頭指，面合而反屈，中無名小指。
舒展旋當心，無名指如幢，及與小指合，復住於笑處。
則名彼等印，豎齊二大指，頭指屈如蓮，則彼金剛劍。
中合屈上節，則彼齊無名，小指交如輪，則解大指縛。
舒展從口起，小大指面合，集會業金剛，則彼齊頭指。
住心而舒展，曲頭指如牙，小指亦復然，大指小指間。

頭指屈其上，　於心齊大指，　展臂名為鬘，　騰掌從口散。
作舞頂上合，　金剛縛下施，　自掌而上獻，　齊頭指相逼。
舒展如塗勢，　由一頭指屈，　二頭指結縛，　大頭端如鎖。
如金剛拳合，　我今說能成，　金剛成最勝，　自印住於心。
薩埵金剛定，　次說作事業，　金剛業無上，　金剛界等印。
由集會如來，　壇師於弟子，　剎那成加持，　結薩埵金剛。
則成持金剛，　纔結金剛鉤，　能召一切佛，　欲金剛儀故。
尚染等覺者，　由金剛歡喜，　善哉聲皆喜，　由結寶金剛。
從佛獲灌頂，　由結金剛日，　如佛得圓光，　持金剛幢已。
則滿一切願，　金剛笑儀故，　共諸佛等笑，　持法金剛印。
等同法金剛，　遍持金剛劍，　得慧救世者，　持習金剛輪。
則能轉法輪，　由金剛語故，　金剛語成就，　遍持業金剛。
等同金剛業，　堅作金剛護，　成身如金剛，　金剛牙勝印。

能摧諸惡魔，　堅結金剛拳，　順伏諸契印，　由戲得喜悅。

由鬘得莊嚴，　由語語威肅，　得供由舞故，　焚香滋澤世。

由花色端嚴，　由燈世清淨，　由香獲妙香，　金剛鉤召得。

金剛索得入，　金剛鎖能縛，　金剛鈴遍入，　我今說法印。

嚩日羅惹南通佛，能作堅固金剛界，次復我今當遍說，法印勝契如本儀。

誦三昧耶薩怛鑁合二，一切印契為主宰，誦阿娜耶薩縛已，即能鉤召一切佛。

阿斛引蘇佉稱誦已，染愛一切諸佛等，娑度娑度是語已，皆以善哉令歡喜。

蘇摩訶怛鑁合二誦已，則獲一切佛灌頂，嚕褒儞庚合二多語已，則獲正法威德光。

誦遏他鉢羅合二波底丁口反，能滿一切殊勝願，呵呵吽壑作是笑，獲得如來微妙笑。

薩嚩迦哩是誦已，能淨非法皆清淨，薅佉掣之曳反那誦持已，能斷一切苦受業。

勃馱*冒地是言已，於曼荼羅為主宰，鉢羅底攝娜誦已，共預諸佛談語論。

蘇嚩始怛鑁合二誦已，遍行一切而自在，儞尼逸反婆去也怛鑁合二語已，剎那則得無所畏。

誦捨怛嚕合二薄乞叉，能啖一切怨敵者，薩嚩悉地是誦已，獲得一切妙悉地。

摩訶囉底得適悅，嚕波輸陛亦復然，室嚕怛羅燥佉得樂，薩婆布誓得供養。
鉢囉訶羅儞儞悅，頗攞哦弭獲得果，蘇帝惹佗哩得光，素巘蕩儗得妙香。
阿夜呬弱成鉤召，阿呬吽吽能引入，係薩普吒鑁大得，健吒噁噁令震動。
我今說法印，成就令清淨，於舌觀金剛，能作諸事業。
次說羯磨印，應結金剛拳，等引而兩分，成二金剛印。
次則說結縛，持作金剛指，右手安於左，此印名覺勝，
能與佛菩提。不動佛觸地，寶生施願印，無量壽勝定，
不空施無畏。次今當遍說，羯磨印次第，金剛薩埵等，
能轉金剛業。左慢右抽擲，安住持鉤勢，相應如射法，
善哉於心住。灌頂二金剛，於心示日形，右肘住左拳，
二掌及於口。左蓮右開勢，左心劍殺害，旋轉如火輪，
金剛二口散。金剛舞旋轉，兩頰住於頂，甲冑小指牙，
二拳而相合。應以金剛慢，頂禮意戰悚，繫鬘口下寫，

旋轉金剛舞。以金剛拳儀，應獻燒香等，一切佛供養，
分別供養印。小指互相鉤，頭指如上鉤，如索二如鎖，
手背而相逼。我今說成就，金剛業作等，應羯磨金剛，
於心而修習。次說羯磨印，金剛業種種，由結智拳故，
能遍入佛智。由結阿閦毘，獲得無傾動，由結寶生印，
能攝受於他。由結法輪印，則能轉法輪，由無畏勝速，
施有情無畏。堅作金剛鬘，金剛薩埵樂，由金剛鉤召，
剎那集諸佛。金剛箭令染，尚能金剛妻，金剛喜諸佛，
咸施善哉聲。結大金剛寶，從師受灌頂，遍持金剛日，
得如金剛日。豎金剛幢幡，則得雨寶雨，遍持金剛笑，
速佛平等笑。遍持金剛花，則見金剛法，堅結金剛劍，
能斷一切苦。遍持金剛輪，能轉於法輪，所有諸佛語，
成以金剛語。金剛舞供養，尚令佛順伏，由披金剛甲，

獲金剛堅實。　遍持金剛牙，　尚能壞金剛，　金剛拳能奪，
獲得印成就。　金剛喜得悅，　金剛鬘妙色，　金剛歌妙語，
金剛舞令順。　以香意悅澤，　以花奪一切，　燈供火熾盛，
金剛香妙香。　金剛鉤能召，　金剛索能引，　金剛鎖令縛，
金剛磬令動。

我今廣說一切印都結儀則。

先當金剛縛摧拍自心，誦心真言曰：

嚩日囉滿馱怛羅吒

則一切印縛於自身口心金剛得自在，即結金剛遍入三昧耶印，誦此心真言：

唵

則成遍阿尾捨。如親友加持，則三昧耶印，想念大薩埵，誦此心金剛真言：

摩訶三昧耶薩怛無毛反唅

由此真言一切印皆得成就，此是一切印成就廣儀則。

我說都廣儀則。

初結自印，結已自印薩埵觀自身，以此心真言：

三摩庚唅

則自印薩埵觀自身已，以此真言加持：

三摩耶薩怛嚩(二合)地瑟姹(二合)薩嚩(二合)鋡

則然後應成就，此是成就儀則。

次說初欲求義利成就，以此真言：

遏他悉地

由此真言，隨意得金剛成就。

次說金剛悉地成就，以此心真言：

嚩日囉悉地

次說持明成就，以此心真言：

嚩日囉尾儞耶(二合)達囉

由此隨意即得持明成就。欲求最勝成就，以自印真言當求成就。

我今說一切都自身口心金剛中，令作如金剛儀軌。若印加持緩慢，若意欲解，則以此心真言，令作堅固真言曰：

唵嚩日羅(二合)薩怛嚩三摩耶麼努波(引)攞耶嚩日羅薩怛嚩怛尾怒波底瑟姹捏哩濁寐婆嚩蘇都使庾寐婆嚩阿努囉羯都寐婆嚩蘇布使庾寐婆嚩薩嚩悉朕寐鉢囉也車薩嚩羯摩素者寐質多室哩藥矩嚕吽呵呵呵呵斛(引)婆伽梵薩嚩怛他蘗多嚩日囉摩弭悶遮嚩日哩婆嚩摩訶三摩耶薩怛縛噁(引)

由此真言，設作無間罪，謗一切如來及方廣大乘正法，一切惡作，尚得成就一切如來印者，由金剛薩埵堅固體故，現生速疾隨樂得一切最勝成就，乃至獲得如來最勝悉地。婆伽梵一切如來金剛薩埵作如是說，我今都說一切印解脫儀則。

從彼彼出生所有一切印，於彼彼當解，由此真言心：

嚩日囉穆

從自心起金剛寶印，安於灌頂處，以勝指自灌頂，分手纏頭繫鬘，次結甲冑，以此心真言：

唵嚩日囉囉怛那毘詵者鎔薩嚩母捺羅(合二)咩捺哩(合二)擗矩嚕嚩囉迦嚩制那鑁

被甲已，以齊掌拍令歡喜，以此心真言：

嚩日囉覩使耶斛(引)

由此心真言，　解縛得歡喜，　獲得金剛體，　如金剛薩埵。

一遍誦金剛薩埵，隨意愛樂住安樂，讒誦皆得速成就，如金剛手之所說。

婆伽梵普賢作如是說：

金剛薩埵等薩埵，一切成就作事業，隨意念誦於此中，於諸事業皆成就。

真言心印及諸明，隨樂修習諸理趣，於教所說及自作，皆得成就遍一切。

次說四種祕密供養，應作以此金剛歌詠真言：

唵嚩日囉(合二)薩怛嚩僧蘗囉賀嚩日囉囉怛那麼努怛嚂嚩日囉達摩誐耶奈(引)嚩日囉羯磨迦嚕婆嚩

於曼荼羅中，以此金剛讚詠而歌，以金剛舞，以二手掌及供養花等作供養。

於外曼荼羅，金剛香等供養已，安於本處，一切隨力而供養，啟白一切如來隨意香等供養已。已入曼荼羅者，隨力已獻大曼荼羅，一切滋味、飲食、安樂等一切資具，令充足受用，應受與一切如來成就金剛禁戒。

此是一切佛體性，住於金剛薩埵手，汝今應當而受持，金剛薩埵堅固禁。

唵薩嚩怛他蘖多悉地嚩日囉三摩耶底瑟姹(二合)翳沙怛鑁馱囉夜弭嚩日囉薩怛縛(二合)呬呬呬呬吽

則各各復告言：「勿得說於餘人。」

則誦誓心真言。先已入者，啟白一切如來，結薩埵金剛印，從下向上解，以此真言心：

唵(引)吃哩(二合)都嚩薩嚩薩怛嚩(二合)嘌他(二合)悉地捺多也他努誐(二合)蘖他車馱梵(二合)勃馱微灑闍補那囉誐麼那也都嚩日囉(二合)薩怛嚩(二合)穆

如是於一切曼荼羅三昧耶勝印而作解。

金剛頂一切如來真實攝大乘現證大教王經卷下

金剛頂瑜伽中略出念誦經

金剛頂瑜伽中略出念誦經卷第一

大唐南印度三藏金剛智譯

為利諸衆生，　令得三身故，　身口意相應，　歸命禮三寶。
金剛身口意，　遍滿三界者，　能為自在主，　演說金剛界；
我盡稽首禮，　雄猛阿閦鞞；　降伏諸魔者，　彼寶現最勝；
及禮如理法，　歸命阿彌陀；　成就不空者，　於金剛薩埵；
利益衆生者，　歸命虛空藏；　能授灌頂者，　依護大觀音；
從瑜伽生者，　祕毘首羯磨，　至心我盡禮。

我今於百千頌中，金剛頂大瑜伽教王中，為修瑜伽者成就瑜伽法故，略說一切如來所攝真實最勝祕密之法。

凡欲修行者，有具智慧者，明了於三摩耶真實呪法，於諸壇場中，從尊者阿闍梨受灌頂已，清潔其身，無所畏懼深大牢強，善調心勇志不怯弱，恭敬尊重眾所樂見，哀愍一切常行捨施，住菩薩戒樂菩提心。具如是功德者，應依於師教勤修供養，三摩耶應當守護無令退失，於金剛阿闍梨不得生輕慢，於諸同學不為惡友，於諸有情起大慈悲，於菩提心永不厭離，於一切壇法中具足種種智慧功德者，許入念誦設護摩受灌頂等法。

於此金剛界大壇場說引入金剛弟子法。其中且入壇者，為盡一切眾生界救護利樂，作最上所成事故，於此大壇場應入者，不應簡擇器非器。所以者何？世尊！或有眾生造大罪者，是等見此金剛界大壇場已，及有入者，一切罪障皆得遠離。世尊！復有眾生耽著一切資財、飲食、欲樂，厭惡三摩耶，不勤於供養，是彼人等於壇場隨意作事得入者，一切所求皆得圓滿。世尊！或有眾生為樂妓樂、歌舞、飲食，隨意所行故，為不了知一切如來大乘，無問法故，入於餘外道天神廟壇中，為成就一切所求故，至於一切如來部壇場戒，攝取眾生事，能生無上愛喜者，怕怖畏故不入，是彼等入住惡趣壇場道者，亦堪入於金剛界大壇場。為獲一切喜樂最上成就，得意悅安樂故；及為退一切惡趣，所入道門故，於禪解脫等地勤修苦行，亦為彼等，於此金剛界大壇場纔入亦得，不難得一切如來真實法，何況諸餘所成！

若有諸餘求請阿闍梨或阿闍梨見於餘人，堪為法器離於過失，廣大勝解心行敦德，具足信心利樂於他，見如是類已，雖不求請，應自呼取告之：「善男子！於大乘祕密行之儀式，當為汝說。於大乘教中汝是善器，若有過去應、正等覺，及以未來、現在依護者，所住世間為利益者，彼皆為了此祕法故，於菩提樹下，獲得最勝無相一切智；勇猛釋師子，由獲得祕密瑜伽故，摧破大魔軍，驚怖嬈人者，是故，善男子！為得一切智故，於彼應作正念。」

持誦者如是多種喜利彼已，心生慇念的知堪為弟子，應當為彼善遍開示，常念誦時作法事處，諸山具花果者，清淨悅意池沼河邊，一切諸佛之所稱讚，或在寺內，或阿蘭若，或於山泉間，或有寂靜迴處，淨洗浴處，離諸難處，離諸音聲、憒閙之處，或於意所樂處，於彼應當念誦。

凡修瑜伽者初從臥起，即結發悟一切佛大契，誦此密語：

唵　跋折囉　底瑟咤

其契以止、觀二羽，各作金剛拳，以檀、慧度二相鉤，進、力二度仰相拄，直申如針，以契自心上，誦前密語三遍，即念：諸佛從三昧覺悟，應當觀察一切諸法猶如影像。即思惟此偈義：

諸法如影像，　清淨無濁穢，　無取無可說，　因業之所生。
如是了此法，　離自性無依，　利無量衆生，　是如來意生。

即從坐起欲行，即誦此密語：

跋折囉　鞞伽

若止住處，即誦此密語：

底瑟咤　跋折羅

若欲共人語，即想舌上有嚂字，即誦此密語：

嚂網(亡可反)囉　跋折囉　婆沙

若洗面時，誦此密語：

唵　跋折囉　囉伽　囉伽耶　企藍壤(人者反)嗟(七我反)婆含(二合)跋折囉都使野(二合)護(引)

每一遍誦密語，輒用水洗面，如是乃至七度誦七洗，即得一切如來之所顧視，若諸魔等有暴惡者，於此人所皆生歡喜。亦可以密語加持水七遍用之。若欲嚼楊枝時，應先誦一切如來金剛微笑密語，七遍已嚼之，此能破一切煩惱及隨煩惱。密語曰：

唵　跋折囉　賀娑訶(上)

結契法，以觀羽作金剛拳已，嚼之。

若欲便轉，即作甲冑契莊嚴己身，即誦此密語：

唵　砧(吒簪反)

以此密語擁護己身。其契法，以止、觀二羽各結金剛拳，申進、力度，於力度頭想唵字，於進度頭想砧字，於其心上結；以進、力度三相繞之，如繫甲狀，又移置背，復至臍腰，繞膝、咽喉、項，推額前項後，皆三繞如繫甲狀，即便垂下，從檀、慧度次第解散，猶如天衣，至心即止。若欲洗淨時，即以止羽作金剛拳，豎申力度，結此契已誦吽字，先取受用土。

夫持誦者求勝善事，多被惡魔障閡，常伺其便，或在便轉處，或諸穢惡處，皆為其害。應以密語結契等加護，勿令得便。欲入廁時，即想己身為嚂字，左右想吽字，又想其身金剛火齒具有光焰，即誦密語：

唵　跋折囉　娜羅　摩訶努多濕嚩(無可切)邏耶薩婆含(二合)婆悉弭句嚧薩婆努瑟詁(引)吽發

其契法以止羽結瞋金剛拳，於彼應作怒眼、豎眉、瞋貌、惡瞻視，置於頂上及兩肩心、喉，即一切三界惡皆得消除。又誦此密語曰：

唵　句嚧涅哩瑟致(上)奚(形伊反引)吽發

此密語及契，於一切處護身，能遠離諸惡。

次於廁事了，出洗淨訖已，應結契誦密語，以金剛水善漱口。密語曰：

唵跋折羅娜伽上吒

其契以觀羽結金剛拳，申願、方便、慧等三度，即應漱口，漱訖已便當洗浴。夫洗浴法有四種，每日隨意如法修行：一者、住三律儀，二⊙者、發露勸請，三者、以契供養，四者、以水洗浴，此四種法智者應行。若入水中，應想天歡喜池於其池中想，即以鑁字想如來部，以吽字想金剛部，以怛囉合二字想寶部，以纈唎合二字想蓮華部，以婀字想羯磨部。如是作已，又想自所念誦密語天住於本部，次想如來最上輪壇在於水中，并念想五部在輪壇上，以密語、契等加淨彼水。洗浴事畢，即以兩手掬清淨香水，誦所持密語加之，以供養一切諸佛、諸大菩薩摩訶薩及本天等。既供養已，即想彼輪盡入*己身。

想已如法出水，住立岸邊，以頭冠等契莊嚴其身，以觀羽金剛手光焰執跋折囉，以止羽執金剛光明磬。披微細繒綵、綺服天衣，口含白豆蔲嚼龍腦香，令口氣香，以專注心於其中間起大慈悲，不瞋恚，不愛染，不顧視穢惡及一切旃*荼羅等。即想行步履八葉蓮華及出現三世供具，於自所持明，想最上廣大供養。又思惟自所持密語真性深理，應往道場。欲入時，復先以如上法誦密語，加水洗足，嗽口訖已，從發初所結止羽金剛拳不散，置於心上，開門時即誦吽字密語，作瞋怒眼辟除一切障礙已，然後以尊重心住正念，禮十方諸佛及諸菩薩摩訶薩，於一切法得自在勝慧境界者。以五體投地敬禮已，次以雙膝胡跪，懺一切罪及勸請、隨喜、發願、迴向功德等，任力所能言之已敬禮。次從坐起，復以右膝著地，即結金剛持大契，誦此密語：

唵跋折羅物（文一反）

其契法，以止羽覆於下，觀羽仰於上，背相合舒，以定、慧、檀、智等度互相叉之。誦此密語及結大契，能令諸佛歡喜，即得供養尊重禮拜一切如來及金剛薩埵等。

次於一切如來及諸菩薩所奉獻已身，先於四方，以此妙法全身著地，合掌舒手各禮一拜。初於東方，誦此密語禮拜：

唵　薩婆怛他揭多（一切如來）　布儒（開口呼供養也）　婆薩他娜耶（承事也）　阿答摩南（己身也）　涅哩耶多（奉獻也）

夜彌（我今也）　薩婆怛他揭多拔折羅薩埵阿地瑟咤（守護）　薩網（無可反）摩含（二合於我）　吽

論曰：梵存初後二字，餘方例此。為供養承事一切如來故，我今奉獻己身，願一切如來金剛薩埵加護於我。

又如上金剛合掌置於心上，向南方以額禮拜，即誦密語曰：

唵　薩婆怛他揭多　布穰（而佉反供養也）　毘矖迦耶（為灌頂故）　阿答摩南（己身）　涅理耶多（奉獻也）　耶冥（我今也）

薩婆怛他揭多跋折羅阿羅怛那（寶也）毘詵者摩含（二合願與我灌頂也）　怛羅（二合重呼之）

論曰：為供養一切如來灌頂故，我今奉獻己身，願一切如來與我金剛寶灌頂。

又以金剛合掌置於頭上，以口脣著地，向西方禮拜，即誦密語：

唵　薩婆怛他揭多布穰（而佉反）　鉢囉末多那耶（轉也）阿答摩南　涅哩夜多耶冥　薩婆怛他揭多　跋折羅達摩（法也）鉢羅伐多耶摩含（二合願為我轉金剛法也）奚哩（引二合）

論曰：為展轉供養一切如來故，奉獻己身，願一切如來為我轉金剛法輪。

又以金剛合掌從頭下置於心上，以頂向北方禮拜，誦此密語：

唵　薩婆怛他揭多布穰羯磨尼阿答摩南涅哩耶多夜弭薩婆怛他揭多跋折羅羯

磨句嚧(二合為我作事業也) 摩含(二合)婀(引)

論曰：為供養一切如來事業故奉獻己身，願一切如來為我作金剛事業。於四方如上法禮拜已，次隨其欲，為除災害、增益、降伏、阿毘遮嚕等事差別，各依本方結坐。若欲為除災者，面向北方，應以結薩摩結跏坐而坐(謂補豎膝交腳坐是也)，以慈悲眼分明稱密語，不急不緩，以正念憶持而起首念誦。慈悲眼者，如須彌盧及曼陀羅山堅固不移，其眼不眴，是名慈悲眼也，能除諸惡鬼神及諸瘧病。即說密語：

唵 涅哩荼涅哩瑟致(上)怛唎(二合)吒(半呼之)

若為增益者，應面向東方，結蓮花座而坐，結跏趺也。以金剛眼顧視，復以金剛語言而起首念誦。金剛顧視者，謂以愛重心、歡悅之眼，以此瞻視皆蒙隨順。即說密語：

唵 跋折羅 涅哩瑟底末吒

若欲降伏者，應面向西，結賢座而坐(並腳蹲坐臀不著地是也)，即以明目而降伏之(明目者踴動數眴眼睫是也)，以此眼視者，皆得降伏。即說密語：

唵　涅哩瑟致(上)耶俱翅穰(而佉反)

若為阿毘遮羅者，應面向南，以鉢喇多里荼立(右腳正立，斂引左腳，如世丁字，曲身倚立身是也)或以嗢俱吒坐(以右腳踏左腳上，蹲踞不著地是也)，作瞋怒眼，舉眉斜目。以此瞻視者，諸惡鬼神皆為摧滅。以瞋意怒眼而誦，即說密語曰：

唵　句嚧陀涅哩瑟底(丁以反)奚(丁以反)吽發

凡以瞋語音誦密語者，謂如雲蔭稱吽字，以瞋語誦降伏密語，即加吽發二字，皆須音旨分明。誦密語者，如發字是也；以瞋相作色，威怒分明誦之。若或結如來坐(全結加也)，或結大菩薩坐(半結跏也)，為一切眾生淨治故，欲求清淨住於正念者，以心存念而誦此密語：

唵　薩網(亡可反)婆縛(亡何反自性也)述馱薩婆達磨(一切法也)薩網婆嚩(亡何反)述(輸律反)度含(我亦清淨)

論曰：梵存初字。以一切法自性清淨，我亦自性清淨。

誦此密語已，復以心念：「是諸眾生無始流浪生死，由慳貪垢穢黑闇所覆，眼目不開，為除滅慳貪障礙故，令成就世間出世間諸悉地。」

已作是思惟訖，即誦此密語：

唵　薩婆怛他揭多　餉悉陀　薩婆薩埵南　薩婆悉陀耶一切成就也三跛睍奴見反談引怛他揭多遏　地底瑟咤憺

論曰：梵存初字。一切如來所共稱讚，為一切衆生，一切悉地願皆成就。

凡所障礙皆從心起，由往昔串習慳貪力故，為除滅障礙故，應當憶念菩提之心。修瑜伽者須臾作是思惟已，應當觀察世間由暴惡、怖畏、妄想所攝，貪愛、希望迷亂心行，為彼瞋火所焚，身常遊行癡迷闇中，沈溺其心愛染泥中，以為虛妄憍慢昏酒常醉，止住邪見生死宅中，不遇善知識最上甘露味，由自所作種種妄想工巧所成無量差別。見諸衆生無明垢重所覆，見如斯過無有依護，應當哀愍於彼。既生哀愍心已，與無量衆生為救度故，若持誦者應當現前作阿婆頗那伽三摩地。

次說入三摩地法。若欲入定者，不應動身及諸支體，脣齒俱合，兩目似合，於佛像前應先思惟。當欲入定，作是思惟：諸佛遍滿虛空，猶如大地油麻津膩滿中，於其身心嚴飾亦然。作是念訖，即結三摩耶等契，即於己舌、心、身、手中想吽字，即想其字變為金剛，復想於右眼中想摩字，於左眼中想吒半音呼，又想摩字變為月，吒字變為日，即以金剛所成，眼應瞻仰一切佛。由此法瞻視者，得一切佛之所稱讚，誦此密語：

唵　跋折囉末吒

即以如上說金剛眼瞻視并誦此密語訖，即得應降伏者皆常隨順，及有暴惡衆生、一切障礙、毘那夜迦，由金剛法瞻視故，彼當消滅。

次結三摩耶契法，令止、觀羽堅牢已，以諸度初分相交是名金剛合掌，置於頂，二羽本分心、喉，為加持己身故，誦密語已，次第置之。密語曰：

唵　跋折囉若哩

復次，其金剛合掌契，盡諸度本分加背，極牢結已，號為金剛嚩契。復置契於心上，誦此密語：

跋折囉　盤陀（縛也）

又復結金剛嚩契已，竪忍、願二度為針，置於心上，即誦密語：

三摩耶　薩埵

此是發悟一切諸佛及諸弟子等密語契。

次以其契針屈入掌中，以智、定、檀、慧度竪如針，此名極喜三摩耶契，即誦密語：

三摩耶　護

復次，結金剛縛已，置於心上，想自心上有怛喇字、吒字為心門戶，掣金剛嚩契時，想如開智門，即三遍誦密語，三度掣之。密語曰：

唵　跋折囉　伴陀（開義也）怛喇（二合）吒（上半呼之）

既於心開智門，即想門內有大殿，又想面前有婀字遍照光明，為生菩提心具大智故，令入已心殿中，即以正定意結金剛召入契及結三摩耶契。結召入契法，結金剛縛契已，以智、定二度屈入掌中，是名金剛召入契。結契時，即誦密語：

唵　跋折囉　吠奢召入也　婀短呼也

由此修行，瑜伽者即得生金剛召入智。此智慧能了過去、未來、現在一切所作之事，皆悉悟解未曾聞百千般契經，其文字義皆得現前。次准上，復結金剛嚩契已，及智、定二度屈入掌中，以進、力、度置智、定度背上，是名金剛拳三摩耶契。結此契時而誦此密語：

唵　跋折囉　慕瑟致上鑁亡凡反

如上所說，以婀字置於心中者，以鑁字常閉心殿門戶。此密語是一切如來金剛身語意能執持故，名金剛拳契。解此契訖，次即以止羽腕上置觀羽，以檀、慧度相鉤，竪進、力度作喝相貌，是名三界威力決勝契，亦名大力契。欲結此契，先應三遍稱吽字結之，似雲陰雷聲，取密語最後稱一吽發字，即說此密語：

唵　蘇母婆二合儞蘇　母婆二合吽重呼訖哩呵拏二合訖哩呵拏二合吽訖哩呵拏　波耶吽　阿那耶胡引薄伽梵　跋折囉吽短聲發

此契於頭上右旋三匝，若有諸魔作障礙者，見此契已皆悉遠離，復得一切處擁護己身。又以此契觸諸燈、香花、飲食等，一一皆稱吽字，隨觸隨得清淨。復次，金剛縛牢結已，雙大母指及二小指豎合為針，是名金剛蓮華三摩耶契。結此契時而誦密語：

唵 跋折囉 鉢頭摩 三摩耶薩埵鑁三合

以此印置於口上，誦真言者即於蓮花部中得為勝上，次復以上勝智觀察內外皆無所有，復觀三世等同虛空。又想琰字為黑色境，持地風輪界。復想劍字為圍輪山，以勝寶所飾。又於虛空想鑁字為毘盧遮那佛，由具慈悲，流注乳兩邊輪圍山，便成甘露大海。於其海中，復想般喇字以為龜形，其龜*猶如金色，身之廣大無量由旬。復於龜背上想奚哩二合字其字變為赤色，赤光蓮花悅意殊妙。其花三層，層有八葉臺蘂具足。於其臺上想波羅二合、吽、劍等三字以為須彌山，其山衆寶所成而有八角。於山頂上又想鑁、吽、多囉二合、奚哩二合、惡重呼之等五字以為大殿，其殿四角正等，具足四門，其門左右有吉祥幢，軒楯周環四重階道。於其殿上有五樓閣，懸雜繒綵、珠網、花鬘而為莊飾。於彼殿外四角之上及諸門角，以金剛寶之所嚴飾。想其外院復用種種雜寶鈴鐸映蔽日月，懸珠瓔珞以為嚴飾，復於其外無量劫波樹行列。

復想諸天美妙音聲歌詠樂音，諸阿修羅、莫呼落伽王等以金剛舞之所娛樂。於彼殿內有*漫荼☆羅，於中以八金剛柱而為莊飾。於如來部輪中想三種子字，中央想心字，其字左右想阿(引聲)字，以其三字成就天之微妙四面方等師子之座。又於金剛部中種子字，三字之中想俄(重聲)字，於其左右想吽字，以其三種子字所成金剛部，以象為座。又於寶部中想三種子字，於其中央想麼(重聲)字，左右想怛囉字，以其三種子字所成寶部之中，以馬為座。又蓮花部有三種子字，於其中央想摩含(二合)字，左右想頡唎異(三合)，以此三種子字所成蓮花部中，以孔雀為座。又羯磨部中有三種子字，於其中央想劍字，左右想阿(短)字，以其三種子字所成羯磨部中，想迦樓羅為座。

既想如上諸部座已，次想一切如來及十六大菩薩并四波羅蜜，施設四種內供養、四種外供養，又為守四門四菩薩隨方安置。又如上所說，諸佛及大菩薩、守門菩薩等，各各以本三摩地，各各自心，及隨已記印相貌如下所說，皆想從毘盧遮那佛身中出現。又想四面毘盧遮那佛，以諸如來真實所持之身，及以如上所說一切如來師子之座而坐，其上毘盧遮那示久成等正覺。一切如來以普賢為心，復用一切如來虛空所成大摩尼寶以為灌頂，復獲得一切如來觀自在法智究竟波羅蜜，又一切如來毘首羯磨，不空離障礙教令，所作已畢，所求圓滿。

於其東方如上所說象座，想阿閦鞞佛而坐其上。於其南方如上所說馬座，想寶生佛而坐其上。於其西方如上所說孔雀座，想阿彌陀佛而坐其上。於其北方如上所說迦樓羅座，想不空成就佛而坐其上。各於座上又想滿月形，復於此上想蓮華座，每一一蓮花座上佛坐其中。

爾時金剛界如來以持一切如來身以為同體，一切如來普賢摩訶菩提薩埵三摩耶所生，名攝一切薩埵，名金剛加持三摩地，入已此一切如來大乘阿毘三摩耶心，名一切如來心，從自身心而出，即說密語曰：

跋折囉　薩埵

纔說此密語，從一切如來心即是彼世尊，以為普賢月輪出，出以淨治一切眾生摩訶菩提心已，各住於一切如來方面。於彼諸月輪中而出一切如來金剛智已，皆入毘盧遮那如來心中。以其普賢故及堅牢故，從金剛薩埵三摩地中，以一切如來神力以為同一密體，遍滿虛空界量，具足光明以為五頂，以一切如來金剛身口意所成五股跋折囉既成就已，又從一切如來心出，置於右掌中。爾時復從跋折囉出種種色相，光明照曜遍滿一切世界。又想於諸光明峯上，一切世界微塵等如來出現。既出現已，盡遍法界滿虛空中及一切世界周流海雲，於一切如來平等性智神通現成等正覺，能令發一切如來大菩提心，成就普賢種種行相，亦能奉事一切如來眷屬，能令趣向大菩提場，復能摧伏一切諸魔，悟一切平等性，證大菩提轉正法輪，乃至救護一切世界眾生，成就一切如來神通智最上悉地等。現一切如來神變已，為普賢故，復為金剛薩埵三摩地極堅牢故，同一密體，成普賢大菩薩身已，住於毘盧遮那佛心，而高聲唱是言：「奇哉！」曰：

我是普賢，　堅固薩埵，　雖非身相，　自然出現，以堅牢固，　　為薩埵身。

爾時普賢大菩薩身從佛心出已，於一切如來前，依於月輪復請教示。爾時世尊毘盧遮那入一切如來智三摩耶金剛三摩地已，現一切如來*尸羅三摩地、慧解脫知見，轉正法輪，展轉利益衆生，大方便力精進大智三摩耶盡遍一切衆生界，救護一切為自在主，一切安樂悅意受用故，乃至一切如來平等性智神通摩訶衍那、阿毘三摩耶，剋果成就最上悉地故。一切如來以此悉地跋折囉，為彼普賢大菩薩應以一切如來轉輪位故，以一切如來身寶冠繒綵而灌頂之，既灌頂已而授與之。爾時諸如來以彼執金剛之名灌頂故，便號為執金剛。是時執金剛菩薩屈其左臂，現威猛力士相，右手執跋折囉，向外抽擲弄而執之，高聲作是言曰：

此跋折囉，　　是諸如來，　　無上悉地，　　我是金剛，

授與我手，　　以我金剛，　　執持金剛。

此是金剛薩埵三摩地，一切如來菩提心智第一。

爾時世尊毘盧遮那復入不空王大菩薩三摩耶出生加持薩埵金剛三摩地已，從

自心而出召請一切如來三摩耶，名一切如來心，即說呪曰：

*跋折囉　囉穰(而伽反上)

纔說此密語時，於一切如來心中，則彼執金剛菩薩以為一切如來之大鉤，出已，便即於世尊毘盧遮那掌中而住。爾時從彼大鉤身中出現一切世界微塵等如來，既出現已，鉤召請入一切如來等事及一切佛神變。作已，由不空王故，及由金剛薩埵堅牢故，同一密合，以為不空王大菩薩身。成就已，住於世尊毘盧遮那佛心而高聲唱言：「奇哉！」曰：

我是不空王，　從彼金剛生，　以為大鉤召，　諸佛成就故，
能遍一切處，　鉤召諸如來。

時彼不空王菩薩從佛心出已，便依於諸如來右邊月輪，復請教示。爾時世尊入一切如來鉤召金剛三摩耶三摩地已，為一切如來鉤召三摩耶，盡遍眾生界一切攝召。一切如來為一切安樂悅意受用故，乃至為得一切如來三摩耶智所持增上悉地成就故，即於彼不空王大菩薩如上於雙手而授之。爾時一切如來以金剛鉤召名

號而灌頂之，是時金剛鉤召菩薩以彼金剛鉤鉤召一切如來已，而高聲唱言曰：

我是諸如來， 無上金剛智， 能成就佛事， 最上鉤召者。

此是不空王大菩薩三摩耶，一切如來鉤召智第二。

爾時世尊復入摩羅大菩薩三摩耶出生加持薩埵金剛三摩地已，即從己身出一切如來奉事三摩耶，名一切如來心，即說密語：

跋折囉 囉伽

纔說此呪時，從一切如來心中，即彼世尊執金剛以為一切如來花器仗，既出已，同一密體，入於世尊毘盧遮那佛心中，於彼便以為金剛弓箭身而住於掌中。即從彼金剛箭身，一切世界微塵等如來身出現已，為作一切如來奉事等，及一切如來神變。作已，由至極殺故，復由金剛薩埵三摩地極堅牢故，同一密合，以為成就摩羅大菩薩身已，即住於世尊毘盧遮那佛心中。住已，而高聲唱是言：「奇哉！」曰：

我自性清淨， 能以染愛事， 奉事於如來， 以離染清淨，染故能調伏。

爾時彼摩羅大菩薩身即從毘盧遮那佛心而下，於一切如來左邊月輪中而住已，復請教示。爾時世尊入一切如來愛染奉事三摩地加持金剛，既入定已，一切如來摩蘭拏金剛三摩耶，盡遍衆生界喜愛，一切安樂悅意受用，乃至一切如來摩羅業最勝悉地獲果故，彼金剛箭為彼摩羅大菩薩，如上雙手而授之。是時一切如來皆號彼為金剛弓，以金剛弓名而灌頂之。爾時金剛弓菩薩摩訶薩以其金剛箭殺一切如來時，即以高聲唱如是言曰：

此是一切佛，　離垢愛染智，　以染害離染，　一切受安樂。

此是金剛弓大菩薩三摩地，奉事一切如來智第三。

爾時世尊復入歡喜王摩訶薩埵三摩耶所生薩埵加持金剛三摩地已，從自身心而出一切如來歡喜，名一切如來心，即說密語：

跋折囉　娑度

纔說此呪時，從一切如來心，即彼執金剛以為一切如來善哉想已，同一密合，便入毘盧遮那如來心。既入心已，而為金剛歡喜體，住於雙手掌中。爾時從彼金剛歡喜體中，出現一切世界微塵數等如來身。既出現已，作一切如來善哉等事，一切如來神變已作，以極歡悅故，復以金剛薩埵三摩地極堅牢故，同一密合，便成歡喜王摩訶薩身，住於毘盧遮那如來心，而高聲唱言：「奇哉！」曰：

我是最勝，　一切智者，　所共稱說，　若諸妄想，
分別斷除，　聞常歡喜。

爾時歡喜王摩訶薩身從佛心下，於諸如來背後月輪中住，復請教示。爾時世尊入一切如來歡喜金剛三摩地已，一切如來無上極歡喜智三摩耶，為盡遍眾生界一切歡喜，一切安樂悅意受用故，乃至一切如來無上踊躍，獲最勝味悉地果故，其金剛歡悅為彼歡喜王摩訶菩提薩埵，如上授與雙手。爾時一切如來皆號之為金剛踊躍，以其金剛名而灌頂之。于時金剛踊躍菩薩摩訶薩以其金剛歡悅相，以善哉聲令諸佛歡喜已，高聲作如是言曰：

此是諸佛等，　善哉能轉者，　此殊妙金剛，　能增益歡喜。

此是金剛踊躍摩訶薩三摩耶，一切如來作善哉智第四。

以上四菩薩並是金剛部中阿閦佛眷屬，都號為一切如來摩訶三摩耶薩埵。

爾時世尊復次從虛空藏心出現摩訶菩提薩埵三摩耶所生寶加持金剛三摩地已，此一切如來灌頂三摩耶名一切如來心，從自心而出，即說密語：

跋折囉　阿囉怛那合二

纔出此呪時，從一切如來心中遍滿虛空平等性智善決了故，金剛薩埵三摩地及堅牢故，同一密合。即彼執金剛以為流出光明，盡遍虛空，猶彼盡遍虛空光明照曜故，以盡遍為虛空界。爾時以諸佛加持力，一切虛空界悉入世尊毘盧遮那心中。善修習故，金剛薩埵三摩地，以為遍虛空藏，周流一切世界等量摩訶金剛寶所成身，安住如來掌中。是時從彼大金剛寶身中出現一切世界微塵等已，而作一切如來灌頂等事，一切如來神變，於一切世間作已，以盡遍世界藏善出生故，以金剛薩埵三摩地極堅牢故，同一密合，成就虛空藏大菩薩。既成就已，住於毘盧遮那心而高聲唱如是言：「奇哉！」曰：

我是自灌頂，　金剛寶無上，　雖無住著者，　然為三界主。

時彼虛空藏摩訶菩提薩埵從毘盧遮那佛心下，向一切如來前，依於月輪，復請教示。爾時世尊入大摩尼寶金剛三摩地已，一切如來有所樂求皆令圓滿三摩耶，盡遍眾生界，為得一切利益故，一切安樂悅意受用故，乃至得一切如來事成就最上悉地故，此金剛摩尼為彼虛空藏大菩提薩埵，以為金剛寶轉輪故，又以金剛寶藏灌頂，既灌頂已而雙手授之。是時一切如來以灌頂之號名金剛藏，爾時金剛藏摩訶菩提薩埵將彼金剛摩尼，於己灌頂處置已，而高聲作是言曰：

此諸如來許，　能灌眾生頂，　我是手授者，　及授與我者，

以寶而飾寶。

此是寶生如來部，金剛藏大菩薩三摩地，一切如來灌頂寶智第一。

爾時世尊復入大威光摩訶薩埵三摩耶所生寶加持金剛三摩地已，彼自出一切如來光明三摩耶，名一切如來心，從自身心而出此密語：

跋折羅　帝壤

纔出此密語時，從一切如來心，即彼薄伽梵執金剛以為大日輪，同一密合，入於毘盧遮那佛心，便成金剛日身，住於如來掌中。于時即從彼金剛日身中，出現一切世界微塵等如來身，出已，放一切如來光明等事，一切如來神變作已，以極大威光故，金剛薩埵三摩地摩訶菩提薩埵身成就已，住於毘盧遮那心，而高聲唱是言：「奇哉！」曰：

無比大威光，　能照衆生界，　令諸佛依護，　雖復淨即是，
淨中能復淨。

時無垢威光摩訶菩提薩埵身從佛心下已，即依於如來右邊月輪中住，復請教示。爾時世尊入一切如來以圓光加持金剛三摩地已，一切如來光明三摩耶，盡遍衆生界無比威光，為一切安樂悅意受用故，乃至一切如來自身光明，為最上悉地成就故，將彼金剛日與彼大威光摩訶菩提薩埵，於雙手而授之。是時一切如來共號為金剛光明，以金剛名而灌頂之。爾時金剛照曜菩薩摩訶薩以其金剛日照曜一切如來已，而高聲唱是言曰：

此是諸佛智，　除滅無智闇，　以微塵等量，　超越於日光。

此是金剛光明大菩薩三摩地，一切如來圓光智第二。

爾時世尊復入寶幢菩薩三摩耶所生寶加持金剛三摩地已，能滿足一切如來所求三摩耶，名一切如來之心，從自心而出，即說密語：

跋折囉　計都

纔出此密語時，從一切如來心，即彼薄伽梵執金剛，以種種殊妙雜色嚴具以為寶幢，出已，同一密合，入於毘盧遮那心，便成金剛幢身，既成就已，而安住於佛掌中。爾時從金剛幢身中，出一切世界微塵等如來身，出已，而建立一切如來寶幢等事，作一切如來神變已，以大寶幢故，金剛薩埵三摩地極堅牢故，同一密合，以為摩訶菩提薩埵身，即住於毘盧遮那世尊心中，而高聲唱是言：「奇哉！」曰：

無比量幢，　我能授與，　一切利益，　滿足悉地，
一切所求，　一切能滿。

時彼寶幢摩訶菩提薩埵從佛心下已，依於諸如來左邊月輪中住，復請教示。爾時世尊入一切如來建立加持金剛三摩地已，能建立一切如來思惟三摩尼幢三摩耶，為盡遍衆生界，能圓滿一切希求，一切安樂悅意受用故，乃至獲得一切如來大利益最上悉地果故，彼寶幢如上授與雙手掌中。是時一切如來以金剛表刹而名號之，復以金剛名號而灌頂之。爾時金剛表刹菩薩摩訶薩以彼金剛幢，令一切如來於檀波羅蜜相應，而高聲唱是言：

此是諸如來，　希求能圓滿，　名為如意幢，　檀波羅蜜門。

此是金剛幢菩薩三摩地，一切如來檀波羅蜜智第三。

爾時世尊復入常愛歡喜根摩訶菩提薩埵三摩耶所生寶加持金剛三摩地已，從自身心出此一切如來愛三摩耶，名一切如來心，而說密語：

跋折囉　訶娑

纔出此密語時，從一切如來心，即彼薄伽梵執金剛以為一切如來微笑，同一密合，便入毘盧遮那如來心而成金剛微笑身，於如來掌中而住。爾時從彼金剛微笑身出現一切世界微塵等如來，一切如來希有事等，一切如來神變遊戲作已，常愛歡喜根故，金剛薩埵三摩地極堅牢故，以為大菩薩身。既成就已，住於世尊毘盧遮那心中已，而高聲作是言：「奇哉！」曰：

我是為大笑，　一切勝中上，　恒常善住定，　以為佛事用。

爾時常愛歡喜根摩訶菩提薩埵身從佛心而下，依於一切如來背後月輪中而住，復請教示。于時世尊入一切如來希有加持金剛三摩地已，出現一切如來三摩耶，盡遍衆生界，諸根無上安樂悅意受用故，乃至獲得一切如來根淨治智神通果故，彼金剛微笑為彼常愛歡喜根摩訶菩提薩埵，如上授與於雙手掌中。爾時一切如來以金剛愛名而為之號，便以金剛名而為灌頂。于時金剛愛摩訶菩提薩埵以其金剛微笑，於一切如來微笑，而高聲唱是言曰：

此是諸如來，　示生現希有，　大智能踴躍，　二乘所不知。

此是金剛愛摩訶菩提薩埵，一切如來微笑希有智第四。

以上寶部中四菩薩是一切如來大灌頂薩埵。

爾時世尊復入觀自在摩訶菩提薩埵三摩耶出生法加持金剛三摩地已，從自身心出一切如來法三摩耶，名一切如來心，而說密語曰：

跛折羅　達摩

纔出此密語時，於一切如來身中，即彼薄伽梵執金剛，由自性清淨一切法平等性智善決了故，金剛薩埵三摩地極堅牢故，以為法光明。由彼法光明，出現一切世界周遍照曜，便成法界。時彼一切法界遍滿虛空界，同一密合，入於毘盧遮那佛心中，周遍虛空界量，成大蓮花身住於世尊手中。爾時世尊從彼金剛蓮華身中，出現一切世界微塵等如來身，既出現已，一切如來三摩地智神通等，一切如來神通遊戲，於一切世界作已，觀自在故，及金剛薩埵三摩地堅牢故，同一密合，以為觀自在摩訶菩提薩埵身。成就已，住於毘盧遮那佛心中，而高聲唱是言：「奇哉！」曰：

我是第一義，　本來自清淨，　筏喻於諸法，　能得勝清淨。

時彼觀自在摩訶菩提薩埵身從佛心下已，依於一切如來前月輪中而住，復請教示。爾時世尊入一切如來三摩地智三摩耶所生金剛三摩地已，能清淨三摩耶，盡遍衆生界自身清淨，為一切安樂悅意受用故，乃至獲得一切如來法智神通果故，即將彼金剛大蓮華如上授與觀自在菩薩摩訶薩，為轉正法輪故，為一切如來法身灌頂已，而於雙手授之。爾時一切如來復以金剛眼名號而為灌頂，于時金剛眼菩薩摩訶薩，彼蓮花葉以開敷故，貪愛自性離清淨無染污，作是觀察已，而高聲唱如是言曰：

此是諸佛慧，　能覺了貪愛，　我及所授者，　於法而住法。

此是蓮華部金剛眼大菩薩三摩耶，一切如來觀察智第一。

金剛頂瑜伽中略出念誦經卷第一

金剛頂瑜伽中略出念誦經卷第二

大唐南印度三藏金剛智譯

爾時世尊復入文殊師利摩訶菩提薩埵三摩耶所生法加持金剛三摩地已，從自心出此一切如來大智慧三摩耶，名一切如來心，即說密語：

跋折囉　底瑟那合三

纔出此語時，於一切如來心，即彼薄伽梵執金剛以為智劍而出已，同一密合，入於毘盧遮那佛心中，便為劍鞘，既成就已，住於毘盧遮那佛手中。于時從彼如來劍鞘身中，出現一切世界等如來身，一切如來智慧等，及一切如來神變遊戲已，由極妙吉祥故，及金剛薩埵三摩地極堅牢故，同一密合，以為文殊師利摩訶菩提薩埵身。既成就已，*住於世尊毘盧遮那佛心而高聲作是言：「奇哉！」曰：

我是諸佛語， 號為文殊聲， 若以無形色， 音聲可得知。

爾時文殊師利摩訶菩提薩埵從世尊心下已，依一切如來右邊月輪中住，復請教示。爾時毘盧遮那佛入一切如來智慧三摩耶金剛三摩地已，現一切如來斷除煩惱三摩耶，為盡遍衆生界，斷除一切苦故，及一切安樂悅意受用故，乃至成就一切如來隨順音聲，圓滿慧最上悉地故，彼金剛覺於文殊師利摩訶菩提薩埵，如上於雙手授之。于時一切如來以金剛覺而為名號，復以金剛名授其灌頂。爾時金剛覺菩薩摩訶薩以其金剛劍揮斫已，而高聲唱是言曰：

此是諸如來， 般若波羅蜜， 能破諸怨敵， 滅罪中為最。

此是金剛覺摩訶菩提薩埵三摩地，一切如來智慧第二。

爾時世尊復入纔發心能轉一切如來法輪摩訶菩提薩埵三摩耶所生法加持金剛三摩地已，即從自心出此一切如來法輪三摩耶，名一切如來心，即說密語：

跋折囉　曳都

纔出此語時，從一切如來心，即彼薄伽梵執金剛以為金剛界大壇場出已，同一密合，入於毘盧遮那佛心中，以為金剛輪身，即於如來手中住。于時從彼金剛輪身出現一切世界微塵等如來身，出已，由纔發心能轉法輪故，及金剛薩埵三摩地極堅牢故，以為纔發心轉法輪身。成就已，住於毘盧遮那佛心，而高聲唱是言：「奇哉！」曰：

於執金剛中，　金剛輪為上，　彼以纔發心，　而能轉法輪。

爾時纔發心轉法輪摩訶菩提薩埵身從佛心下已，依於一切如來左月輪中而住，復請教示。爾時世尊復入一切如來金剛眼輪三摩地已，一切如來大壇場三摩耶，為盡遍衆生界入不退轉輪，一切安樂悅意受用故，乃至成就一切如來轉正法輪最上悉地故，即彼金剛輪而為彼纔發心轉法輪摩訶菩提薩埵，如上於雙手而授之。爾時一切如來以金剛道場名而為之號，爾時金剛道場菩薩以其金剛輪，為一切如來不退轉故安立已，復高聲唱是言曰：

此是諸如來，　能淨治一切，　是名不退轉，　菩提之道場。

此是金剛道場摩訶菩提薩埵，纔發心能轉一切如來法輪智第三。

爾時世尊復入無言摩訶菩提薩埵三摩耶所生法加持金剛三摩地已，即從自心出一切如來念誦三摩耶，名一切如來心，即說密語：

跋折囉　婆沙

纔出此語時，從一切如來心，彼即以為一切如來法文字出已，同一密合，入於世尊毘盧遮那佛心，便為金剛念誦身而住於世尊掌中。爾時即從金剛念誦身出現一切世界微塵等如來身，既出已，而作一切如來法界性等，一切神變遊戲已，而自語言極堅牢故，同一密合，以為語言金剛菩提薩埵身已，住於毘盧遮那佛心，而高聲作是言：「奇哉！」曰：

自然之祕密，　我為密語言，　若說於正法，　遠離語戲論。

爾時無言摩訶菩提薩埵身從佛心而下，依於諸如來背後月輪中而住，復請教示。于時世尊復入一切如來祕密語言三摩耶三摩地，為一切如來語言智三摩耶，盡遍衆生界，語言悉地成就故，一切安樂悅意受用故，乃至獲得一切如來語言祕密性勝上悉地故，即彼金剛念誦為彼無言摩訶菩提薩埵，如上授與雙手。爾時一切如來以金剛語言名而為之號，于時金剛語言菩提摩訶薩埵以其金剛念誦而與一切如來談論已，而高聲唱是言曰：

此是諸如來，　金剛之念誦，　於諸如來祕，　能為速成就。

此是蓮花部金剛語言摩訶菩提薩埵三摩地，一切如來離語言戲論智第四。

已上四菩薩是蓮花部一切如來大智三摩耶薩埵。

爾時世尊復入一切如來毘首羯磨摩訶菩提薩埵三摩耶所生羯磨加持金剛三摩地已，即從自身心出現一切如來羯磨三摩耶，名一切如來心，即說密語：

跋折羅　羯磨

纔出此語時，從一切如來心，即彼薄伽梵執金剛以為一切羯磨平等性智善曉了故，金剛薩埵三摩地極堅牢故，即彼薄伽梵執金剛一切如來羯磨光明而出現已，由彼一切如來羯磨光明照曜故，諸世界得成一切羯磨界，同一密合，便入毘盧遮那佛心，遍滿盡虛空界量，由一切如來金剛羯磨界故，以為羯磨金剛身而住於世尊掌中。爾時從彼羯磨金剛身出現一切世界微塵等如來身，既現已，於一切世界，一切如來羯磨等，一切如來神變遊戲作已，一切如來無邊羯磨故，復以金剛薩埵三摩地極堅牢故，以為一切如來毘首羯磨摩訶菩提薩埵身，即住於世尊毘盧遮那佛心，而高聲唱是言：「奇哉！」曰：

諸佛羯磨不唐捐，羯磨金剛而能轉；唯我住茲能廣為，以無功用作佛事。

于時大毘首羯磨摩訶菩提薩埵身從佛心下已，依於如來前月輪中住，復請教示。爾時世尊入一切如來不空金剛三摩地已，為一切如來轉供養等無量不空一切羯磨儀式廣大三摩耶，為盡遍衆生界，一切羯磨悉地，及一切安樂悅意受用故，乃至獲得一切如來金剛羯磨性智神通最上悉地故，是彼羯磨金剛為一切如來金剛羯磨摩訶菩提薩埵，為一切如來羯磨轉輪故，復以一切如來金剛羯磨故，為其灌頂而於雙手授之。爾時一切如來以為金剛毘首名而為之號，復以金剛名而灌其頂。于時金剛毘首菩薩摩訶薩即以彼羯磨金剛置於心上，為令作用一切如來羯磨事已，而高聲唱是言曰：

此是諸如來，　最上毘首磨，　我及所授者，　羯磨能羯磨。

羯磨部中金剛毘首羯磨大菩薩三摩地，一切如來所作事業智第一。

爾時世尊復入難勝鬪戰勇健精進摩訶菩提薩埵三摩耶所生羯磨加持金剛三摩地已，入一切如來擁護三摩耶，名一切如來心，從自身心而出，即說密語曰：

拔折羅　阿囉合二乞沙合二

纔說此語時，於一切如來心，即彼薄伽梵執金剛以為堅牢甲冑而出已，同一密合，便入世尊毘盧遮那佛心中，復為大金剛甲冑身，而住於如來手中。爾時從金剛甲冑身中出現一切世界微塵等如來身，出已，一切如來擁護儀式廣大羯磨等，一切如來神變遊戲作已，由難勝鬪戰精進故，及以金剛三摩地極堅牢故，同一密合，以為難勝精進摩訶菩提薩埵身。成就已，住於毘盧遮那世尊心中，而高聲唱是言：「奇哉！」曰：

精進所成甲堅牢，堅牢於餘堅牢者，以堅牢故非色身，能為最上金剛身。

爾時彼難勝精進摩訶菩提薩埵身從佛心中下已，依於諸如來右邊月輪中而住，復請教示。爾時如來入一切如來堅固金剛三摩地已，入一切如來精進波羅密三摩耶，為盡遍衆生界救護，一切安樂悅意受用故，乃至獲得一切如來金剛身，最上悉地果故，彼金剛甲冑為彼難勝精進摩訶菩提薩埵，如上於雙手而授之。爾時一切如來以金剛友名而為之號，復以金剛名號授其灌頂。爾時金剛友菩薩摩訶薩以其金剛甲冑而被一切如來已，而高聲唱是言曰：

此是諸如來，　最上慈甲冑，　堅固精進護，　名為大親友。

金剛友大菩薩三摩地，一切如來慈護甲冑智第二。

爾時世尊復入摧一切魔摩訶菩提薩埵三摩耶所生金剛三摩地已，入一切如來方便三摩耶，名一切如來心，從自身心而出，即說密語曰：

跋折羅　藥叉

纔出此語時，從一切如來心，即彼薄伽梵以為大牙器而出已，同一密合，入世尊毘盧遮那佛心，便成金剛牙身已，而住於如來掌中。于時從彼金剛牙身中出現一切世界微塵等如來身已，一切如來調伏暴惡，一切如來神變遊戲，由極摧一切魔故，及金剛薩埵三摩地極堅牢故，以為摧滅一切魔菩薩身已，便住於毘盧遮那佛心，而高聲唱是言：「奇哉！」曰：

我是諸佛大方便，有大威德應調伏，若為寂靜利衆生，摧滅魔故作暴惡。

時彼摧滅魔大菩提薩埵身從佛心下，依於諸如來左月輪中而住已，復請教示。爾時世尊入一切如來暴惡金剛三摩地已，一切如來意調伏麁惡三摩耶，為盡遍衆生界無怖畏，一切安樂悅意受用故，乃至獲得一切如來大方便智神通最上悉地果故，以彼金剛牙器仗為摧滅一切魔摩訶菩提薩埵，如上雙手而授之。于時一切如來以金剛暴惡名而為之號，是時金剛暴惡摩訶菩提薩埵將彼金剛牙器仗置於*己口中，恐怖一切如來已，而高聲唱是言曰：

此是諸佛現，最上降伏者，金剛牙器仗，哀愍方便設。

此是金剛暴惡大菩薩三摩地，一切如來大方便智第三。

爾時世尊復入一切如來拳摩訶菩提薩埵三摩耶所生羯磨加持金剛三摩地，入一切如來身口意金剛縛三摩耶，名一切如來心，從自心出已，即說密語曰：

跋折羅　散地重呼音

纔出此語時，從一切如來心，即彼執金剛以為一切如來印縛出已，同一密合，入於毘盧遮那佛心而為金剛縛身已，而住於世尊掌中。于時從彼金剛縛身中出現一切世界微塵等如來身，出已，為於一切世界，一切如來印縛智等，作一切神變已，由一切拳牢縛故，及金剛薩埵三摩地極堅牢故，同一密合，以為一切如來拳摩訶菩提薩埵身。成已，住於世尊毘盧遮那佛心，而高聲唱是言：「奇哉！」曰：

我是三摩耶，　堅牢縛身者，　諸願求成就，　雖解脫示縛。

于時彼一切如來拳摩訶菩提薩埵身從佛心下已，依諸如來背後月輪中住，復請教示。爾時世尊入一切如來三摩地已，一切如來印縛三摩耶，盡遍衆生界，一切如來大神力現驗作事故，一切悉地諸安樂悅意受用故，乃至一切如來一切智智印為生最上悉地果故，彼金剛縛為一切如來金剛拳摩訶菩提薩埵，如上雙手授之。于時一切如來以金剛拳名而為之號，復以金剛名授其灌頂。爾時金剛拳菩薩摩訶薩以其金剛縛而縛之一切如來已，高聲唱是言曰：

此是諸如來，　堅牢金剛縛，　若為一切印，　速疾成就故，
三摩耶極難，　羯磨能超度。
金剛拳大菩薩三摩地，縛一切如來身口意智第四。
於羯磨部中四菩薩三摩地，都名一切如來羯磨智。
爾時阿閦如來為毘盧遮那世尊入一切如來智印故，金剛波羅蜜三摩耶金剛加持金剛三摩地已，即從自心出現一切如來金剛三摩耶，名一切如來印，即說密語曰：

薩埵　跋折麗

纔說此語時，於一切如來心出現金剛光明，於彼金剛光明諸門，即彼執金剛一切世界微塵等以為如來身印一切智，同一密合，周遍一切世界量以為大金剛身已，於世尊毘盧遮那前依於月輪住，而高聲唱是言：「奇哉！」曰：

諸佛與薩埵，　金剛極堅牢，　若以堅牢故，　非身金剛身。

如來部中金剛波羅蜜，一切如來金剛三摩耶智第一。

爾時寶生如來以為世尊毘盧遮那如來入一切如來智印故，寶波羅蜜三摩耶所生寶金剛加持三摩地已，即從心出現此金剛寶三摩耶身印，即說密語曰：

阿羅合二怛那合二　跋折麗

纔出此語時，從一切如來心中出現寶光明，於彼寶光明，即彼執金剛一切世界微塵等以為如來身印一切如來諸智，同一密合，周遍一切世界量而為大金剛寶身，依毘盧遮那右邊月輪中住，而高聲唱是言：「奇哉！」曰：

諸佛金剛契，　我是寶金剛，　堅牢灌頂門，　說如來身印。

如來部中寶波羅蜜，一切如來金剛寶灌頂三摩耶智第二。

爾時觀自在王如來以為世尊毘盧遮那佛契一切如來智故，入法波羅蜜三摩耶所生金剛加持三摩地已，即從自身出現此法三摩耶身契，即說密語曰：

達摩　跋　折囉

纔出此語時，從一切如來心出現蓮花光明，於彼蓮花光明，即彼薄伽梵執金剛以為一切世界微塵數如來身一切如來智契已，同一密合，一切世界周遍量以為金剛蓮花身已，依於毘盧遮那佛背後月輪中住，而高聲唱是言：「奇哉！」曰：

一切佛謂我，　清淨法金剛，　若以性清淨，　雖染而清淨。

如來部中法波羅蜜三摩耶所生加持金剛三摩耶智第三。

爾時不空成就如來為世尊毘盧遮那一切如來遍智契故，入一切波羅蜜三摩耶所生金剛加持三摩地已，此一切三摩耶自己契從自心而出，即說密語曰：

羯磨　跋　折哩

纔出此語時，從一切如來心出現一切羯磨光明，於其一切如來光明，即彼薄伽梵執金剛以為一切世界微塵等如來身遍契一切如來智已，復同一密合，遍滿一切世界量，面向四方以為羯磨金剛身已，依於世尊毘盧遮那左邊月輪中住，而高聲唱是言：「奇哉！」曰：

一切如來智，　我多種羯磨，　金剛若唯一，　盡遍佛世界，
能事業羯磨。

一切如來三摩耶羯磨波羅蜜，一切如來作佛事業智第四。

都名一切如來摩訶波羅蜜。

爾時毘盧遮那世尊復入一切如來愛樂供養三摩耶所生金剛三摩地已，此一切如來眷屬摩訶持明天女從自心而現，即說密語曰：

跋折囉　邏細縒合二

纔出此語時，從一切如來心出現金剛印，於其金剛印峯，即彼薄伽梵執金剛以為一切如來微塵等如來身已，同一密合，為金剛喜摩訶持明天女。遍身似金剛薩埵女，殊妙色相形貌威儀，一切嚴具而為莊飾，一切如來部所攝，是為金剛薩埵女。既成就已，即依於阿閦鞞世尊左邊月輪中住，而高聲唱是言：「奇哉！」曰：

我無比供養，　餘無有能者，　若以愛供養，　能成諸供養。

一切如來喜愛密供養菩薩三摩地，一切如來安樂悅意智第一。

爾時世尊復入一切如來寶鬘灌頂三摩耶出生金剛三摩地已，此一切如來部摩訶持明天女從自心而出，即說密語曰：

跋折囉　麼隸

纔出此語時，從一切如來心出現摩訶寶契，從彼寶契，即彼薄伽梵執金剛以為一切世界微塵等如來身已，同一密合，復為金剛鬘摩訶天女已，依於世尊寶生左邊月輪中住，而高聲唱是言：「奇哉！」曰：

我是無寶，　名寶供養，　若於三界，　為勝諦王，
即以供養，　而為教令。

一切如來寶鬘灌頂供養，一切如來覺分智第二。

爾時世尊復入一切如來歌詠三摩耶所生金剛三摩地已，從自心出現一切如來部摩訶天女，即說密語曰：

跋折羅　倪切俄以柢

纔出此語時，從一切如來心出現一切如來法契，從其法契，即彼薄伽梵執金剛以為一切世界微塵等如來身，同一密合，復為金剛歌詠摩訶天女，依於觀自在王佛左邊圓滿月輪中而住，高聲唱是言：「奇哉！」曰：

我是諸供養，　以為歌詠者，　雖能令歡喜，　假設如空響。

一切如來歌詠供養菩薩三摩地，一切如來偈頌三摩耶智第三。

爾時世尊毘盧遮那復入一切如來作舞供養三摩耶所生，一切如來部大天女從自心而出，即現說密語：

跋折囉　涅哩帝曳合二

纔出此語時，從一切如來心為一切如來作務種種廣大儀式供養，出已，從彼一切如來舞供養廣大儀式，即彼薄伽梵執金剛以為一切世界微塵等如來身已，依於世尊不空成就如來左邊滿月輪中而住，高聲唱是言：「奇哉！」曰：

廣大一供一切供，能作利益遍世間，若以金剛舞儀式，而能成就佛供養。

一切如來舞供養，一切如來無上供養羯磨智第四。

已上四部是一切諸如來密法供養。

爾時阿閦鞞世尊復為供養毘盧遮那如來隨外供養故，入一切如來能為滋茂三摩耶所生金剛，名一切如來主香綵女，從自心出，即說密語曰：

跋折羅　度鞾

纔出此語時，復從一切如來心，即彼薄伽梵執金剛以為無量種種莊嚴供養雲集，以此無量衆香雲氣嚴雲遍滿一切金剛界已，又從彼衆香供養嚴雲海中出現一切世界微塵數如來身已，同一密合，以為金剛香天身，依於世尊阿閦佛金剛摩尼峯樓閣左角邊月輪中住，而高聲唱是言：「奇哉！」曰：

我為天供養，　能令善滋茂，　若入諸衆生，　速得證菩提。

一切如來香供養，能令滋茂菩薩三摩地所生金剛攝智第一。

爾時寶生如來世尊復為供養毘盧遮那世尊隨外供養故，入寶莊嚴具供養三摩耶所生金剛三摩地已，從自心出現一切如來承旨天女，即說密語：

跋折羅　補瑟鞞合二

纔出此語時，從一切如來心，即彼薄伽梵執金剛以為一切花供養莊嚴出現遍滿虛空已，復從一切諸花供養莊嚴中出現一切世界微塵等如來身，同一密合，以為金剛承旨天女之身，依於毘盧遮那世尊金剛摩尼峯樓閣左角邊月輪中住，而高聲唱是言：「奇哉！」曰：

我是花供養，　能為諸嚴具，　供養寶性已，　速獲於菩提。

一切如來金剛花供養菩薩三摩地，一切如來寶莊嚴具供養三摩耶智第二。

爾時觀自在王如來世尊為供養毘盧遮那如來隨外供養故，入一切如來光明供養三摩耶所生金剛三摩地已，此一切如來女使從自心而出，即說密語：

跋折囉(二合)𠼝計

纔出此語時，從一切如來心，即彼薄伽梵執金剛以為一切世界光明供養莊嚴遍滿法界出現已，從彼一切光明供養莊嚴中復出現一切世界微塵等如來身，同一密合，以為金剛光明天身已，於世尊金剛摩尼峯樓閣左角邊月輪中而住，高聲唱是言：「奇哉！」曰：

我是大供養，　以為清淨燈，　若具法光明，　速得諸佛眼。

一切如來燈光明供養莊嚴菩薩三摩地，一名如來光明遍法界智第三。

爾時不空成就如來世尊為供養毘盧遮那世尊隨外供養故，入一切如來塗香供養三摩耶所生金剛三摩地已，從自心出一切如來婢使，即說密語曰：

跋折囉　塞提

纔出此語時，從一切如來心，即彼薄伽梵執金剛以為一切如來塗香供養莊嚴出現，從彼一切塗香供養莊嚴中復出現一切世界微塵等如來身，同一密合，以為金剛塗香天身，依於世尊金剛摩尼峯樓閣左角邊月輪中住，而高聲唱是言：「奇哉！」曰：

我塗香供養，　是殊妙悅意，　若以如來香，　遍授一切身。

一切如來塗香供養三摩耶菩薩三摩地，是一切如來戒、三摩地、慧、解脫、解脫知見香等智第四。

都名奉受一切如來教者天女。

爾時世尊毘盧遮那如來復入一切如來三摩耶鉤三摩耶所生薩埵金剛三摩地已，從自心出現此一切如來一切群衆印主，即說密語：

跋折羅　俱奢若短聲

纔出此語時，復從一切如來心，即彼薄伽梵執金剛以為一切如來一切群印出現，從彼諸如來一切世界微塵等出現如來身已，同一密合，復為金剛鉤摩訶菩提薩埵身已，依於世尊金剛摩尼峯樓閣金剛中間月輪中而住，鉤一切如來三摩耶已，而高聲唱是言：「奇哉！」曰：

我是諸如來，　堅固三摩耶，　若我鉤召已，　祇奉一切壇。

一切如來鉤菩薩三摩地，一切如來三摩耶鉤召智第一。

爾時世尊復入一切如來三摩耶引入摩訶菩提薩埵三摩耶所生三摩地已，從自心出現導引一切如來入印使者，即說密語：

跋折羅　波捨呼短

纔出此語時，從一切如來心，即彼薄伽梵執金剛以為一切如來引入群印已，即從一切如來引入群印出現一切世界微塵等如來身已，同一密合，復為金剛羂索摩訶菩提薩埵身，依於世尊金剛摩尼峯樓閣寶門間月輪中而住，引入一切如來已，而高聲唱是言：「奇哉！」曰：

我是諸如來，　金剛固羂索，　設入諸微塵，　復令彼引入。

一切如來金剛羂索大菩薩三摩地，引入一切如來智第二。

爾時世尊復入一切如來三摩耶鉤鎖摩訶菩提薩埵三摩耶所生薩埵金剛三摩地已，即從自心出現一切如來縛諸如來心使者，即說密語：

跋折羅　娑怖二合吒

纔出此語時，從一切如來心，即彼薄伽梵執金剛以為一切如來三摩耶縛衆印而出已，復從彼一切如來三摩耶縛衆印中出現一切世界微塵等如來身，同一密合，以為金剛鉤鎖摩訶菩提薩埵身已，依於如來金剛摩尼寶峯樓閣法門間月輪中住，而高聲唱是言：「奇哉！」曰：

我是諸如來，　金剛堅鉤鎖，　雖一切縛解，　為生故受縛。

一切如來三摩耶鉤鎖摩訶菩提薩埵三摩地，一切如來三摩耶縛智第三。

爾時世尊復入一切如來攝入摩訶菩提薩埵三摩耶所生薩埵金剛三摩地已，即從自心出現此一切如來諸印童僕，即說密語：

跋折羅吠捨短呼之

纔出此語時，從一切如來心，即彼薄伽梵執金剛以為一切如來諸呪群衆出現，即於彼一切如來諸呪群衆中出現一切世界微塵等如來身，同一密合，以為金剛攝入身，依於世尊金剛摩尼寶峯樓閣羯磨門間月輪中住，而高聲唱是言：「奇哉！」曰：

我是諸如來，金剛攝牢固，能為一切主，亦復作童僕。

一切如來攝入摩訶菩提薩埵三摩耶所生金剛三摩地，名一切如來金剛攝入智第四。

已上都名一切如來受教者。

如上次第，盡諸部眷屬、壇場主及金剛薩埵為首一切菩薩等，各各思惟本三摩地自己形狀服飾、所執記印，然後思惟自己所持明主菩薩色相，又想諸佛世尊滿虛空界油麻等量。若自己身結加趺坐，置右手於左手上，舌拄上齶，住意於鼻端微細金剛大柱。以念繩繫意令作堪任，如調鍊淨臘，其心隨調種種任用。又若水精石、雲母等本性明徹，隨其色影而為變現；，是心亦爾本性清淨，但由妄業耽著世間技藝工巧隨彼轉變，一切妄想之所莊飾，寧可翻妄歸真修習實相，一切智智無上功德分別道用。

如是以決定慧味，善巧意樂勇猛威德，觀察自心散亂煩惱所薰，蘊入界等攝所攝，遠離法無我相應初始生，猶如陽焰、幻化、乾闥婆城、如空中響、如旋火輪、夢妄，遠離過於一百六十世間心。作是思惟已，於己身心自知可驗，彼是知道者、見道者真實所說，愚夫繫著相者終不了知。

次須入觀止出入息，初依瑜伽安那般那繫念修習，不動身軀，亦不動支分，名阿娑頗那伽法。久修行者如是思惟時，入想己身住在虛空，一切諸佛遍滿法界，以彈指印令從坐起，持誦者應思惟諦聽諸佛告言：「善男子！無上正等菩提速宜現證！汝若一切如來真實未能了知，云何堪忍能修一切苦行？」

爾時聽聞一切佛語已，即依儀式從定而出。出即結從坐起印，其印法金剛拳雙結已，檀、慧度互相鉤，進、力度仰相拄，即說密語：

唵　跋折羅　底瑟咤

以此印起已，應觀十方佛海一一佛前，已身住在足下，頂禮於一切如來。禮訖以此密語，應當表白曰：

唵　薩婆怛他揭多迦耶縛無我反祛二合質多鉢囉二合那莫　跋折囉　婆那鉡二合迦阿嚧迷

梵存初字。論曰：以一切如來身口意，如是我金剛敬禮。

次第敬禮一切如來已，作如是言：「願世尊示誨於我，云何是真實法？云何安住奉行？」

復應思惟，一切如來各面告如是言：「善男子！應以三摩地本性成就，隨意念誦，當觀察自心。」即說密語：

唵　質多鉢喇底丁里切迷曇羯盧弭

誦此密語時，觀於自心狀如月輪已，復白一切如來：「世尊！願教示於我，欲見月輪相。」

一切如來復告言：「善男子！此心本性清淨，隨彼所用，隨意堪任。譬如素衣，易受染色。本性清淨心增長智故，以本性成就密語，應發菩提心。」即說密語：

唵　菩提　質多　　鬱波陀耶弭

誦此語時，應結金剛縛契。以此密語，即想彼月輪極清淨堅牢，大福德所成。於佛性菩提，從所生形狀如月輪，澄靜清淨無諸垢穢，諸佛及佛子稱名菩提心。既見智所成月，即以心啟告，顯發於諸如來：「世尊！我見彼月輪極清淨！」

爾時一切如來告言：「汝當親近一切如來普賢之心！汝應善修習此一切如來普賢之心！」堅牢故，於自心月輪中，想金剛杵形像，鈍真金色，具放光焰，即是無垢清淨佛智。又想其杵具五叉股，持誦師承一切佛旨，以其五叉股契，想置其杵中，而誦密語：

底瑟咤　跋折羅

次說結契法。先金剛縛已，豎忍、願度相著，以進、力度於忍、願傍如曲叉豎，相去兩大麥許，又以定、智度及檀、慧度兩兩相合，豎如叉股，是名五金剛契。

次修瑜伽者復以金剛羯磨契印，心想廣展此金剛印，即說密語：

娑婆羅　跋折羅

說結羯磨印法。以智、定度各捻檀、慧度頭，中餘三度，如三股跋折囉，左仰右覆，右在上已，當其心上摩轉如輪。其次想自心是菩提心，身為金剛所成，以意念誦前密語，即自隨意境界而盡展金剛身，滿一切虛空世界。其次以此密語，收攝其金剛，即說密語：

唵　僧喝囉　跋折囉

其次彼金剛以此密語而堅牢之，復說密語：

唵　涅哩荼　底瑟吒　跋折囉

以此呪堅牢已，持身如故。其次思惟於一切虛空界，所有一切如來身口意金剛界，彼皆以諸佛神力加持，入於自身金剛中。作此念時而誦密語：

唵　跋折囉哆麼合二俱含三摩愈含摩訶三摩愈含　薩婆怛他羯多　阿毘三菩提

跋折囉哆麼合二俱含

梵存初字。論曰：我是金剛身，三摩耶身，摩訶三摩耶身，一切如來現證菩提，為金剛身。

其次以專定心，想己身隨一切相好，莊嚴披服交絡繒綵，以一切佛冠而受灌頂，以摩訶菩提薩埵身而想自身。其次為欲超過諸天色相堅牢故，自己所念誦天三摩地加持灌頂，以此儀式應善思惟。次結印法，金剛縛牢縛已，直舒忍、願度是也。為瑜伽加持故，應置其印於心，次於額喉頂上，而說密語：

唵　跋折囉　薩埵　阿地瑟咤　薩縛麼含合二

以此瑜伽加持自身為金剛。凡加持契，各隨本部置其處已，於頂上解散之。又說自所念誦天灌頂者，謂從心所起金剛寶印，置於額上而灌頂。結灌頂印法，謂結金剛縛已，豎智、定度，進、力二度頭相拄，屈其中分如摩尼寶狀，是名授灌頂印，而說密語：

唵　跋折羅　阿羅合二怛那合二阿毘詵遮摩含合二

其次思惟自所念誦呪天，令入自身。而誦此四字密語：

壞而(迦反上短呼) 吽(重引) 鋑(無凡反) 護(引)

以此瑜伽加持一切呪印速得成就。

次執金剛菩薩所說，其灌頂印分擘已，各存本勢，於額前以進、力度互三繞之，如繫鬘法，頂後亦爾。結已，從頂上兩邊至肚，起於檀、慧度，次第散解之。誦此密語：

唵　跋折　囉阿囉(二合)怛那麼隸　阿毘詵者薩婆慕那羅(二合)冥涅哩　遲吅(平)句嚧末羅迦婆制那鋑(亡凡反)

餘灌頂契，同用此法散之。

次結金剛縛拍手印而令歡喜，即說密語：

唵　跋折囉　都屣扈

以此語法解結契，令得歡喜，當為金剛體性，或為金剛薩埵。此瑜伽方便於十六摩訶薩及彌勒等諸餘十地得自在者，彼大菩薩各各自己三摩耶印等，三摩地之所加持灌頂，而以如上法，應當思惟修習次第。

若復念誦如來部呪，或誦轉輪者，即以如後所說法應加持灌頂。其中修一切部瑜伽加持者，謂薩埵金剛印結已置於心上。結印法，結金剛縛已，竪忍、願度如針是也。而說呪曰：

唵　跋折囉　薩埵　阿地瑟咤　娑婆摩吽

是名金剛部加持語契。

復次，若寶部，結金剛寶契。結契法，結金剛縛已，以智、定度面相捻，稍令曲屈，以忍、願度中分面相捻，偃曲如寶是也。置於額上，即誦密語：

唵　跋折囉　阿囉(二合)怛娜　阿地瑟咤　娑婆麼含怛囉

此名寶部金剛寶加持語契。

次結蓮華部三摩耶印，其結印法，結金剛縛已，竪忍、願度，稍曲相拄如蓮花葉，置於玉枕下而加持之。即說呪曰：

唵　跋折囉　波頭摩(二合)阿地瑟咤娑婆麼含　頡唎

是名蓮花部加持語契。

次結羯磨部三摩耶印。其結印法，結金剛縛印，以忍、願度屈入掌中，以檀、慧、智、定等度豎如針，置於頂上而加持之。即說密語：

唵　跋折囉　羯磨　阿地瑟咤　薩嚩(亡可反)摩含(合二)婀

是名羯磨部加持語印。

復次，說一切部次第灌頂法。金剛部如上說，結金剛薩埵縛已，置於頂前以自灌頂，而誦此密語：

唵　跋折囉阿毘詵者　摩含(合二)吽

寶部結如上說寶三摩耶印，置於頂右以自灌頂，而誦此密語：

唵　跋折囉　阿羅怛那　阿毘　詵者　摩含　怛囉

蓮花部結如上說蓮花三摩耶印，置於頂後以自灌頂，而誦此密語：

唵　跋折囉　鉢頭摩　阿毘詵者　摩含頡唎

羯磨部結如上說羯磨三摩耶契，置於頂右以自灌頂，而誦此密語：

唵　跋折囉　羯磨　阿毘詵者　摩含娜

既如上灌頂已，准前誦上四字密語令入己身。復次，如上說四印，於自頭上繫灌頂鬘，次第應住於瑜伽。各依本部契，如上分止、觀羽，存本契勢，於己頂上繫灌頂鬘，額上、頂後，如前三繞，他皆倣此。

金剛部結薩埵金剛已，分為二，應以金剛純寶所成鬘繫自頭上而誦此密語：

唵　跋折羅摩羅　阿毘詵者　摩含鑁平

寶部結寶金剛契已，分為二，應以諸寶所成鬘繫自頭上，誦此密語：

唵　跋折囉　阿囉怛那　摩隸　阿毘詵者　摩含鑁平

蓮花部結法金剛契，分為二，應以一切法所成鬘繫自頭上，而誦此密語：

唵　跋折羅　達摩　摩隸阿毘詵者摩含鑁平

羯磨部結羯磨金剛契已，分為二，應以一切羯磨所成鬘繫自頭上，而誦此密語：

唵　跋折囉　羯磨　磨隸阿毘詵者　摩含鑁平

次如上所說，灌頂鬘中間，於頂上應置一切如來金剛界自在契。其契法，結金剛縛契已，申忍、願度，少屈相拄，以進、力度置忍、願度初分外傍已，而說此密語：

唵　薩婆怛他揭多　鼻三菩提　跋折囉阿毘詵遮　摩含鑁平

次想自身以為一切如來寶冠莊飾已，如上誦四字密語：

壞　吽　鑁　護引

誦此語令一切如來入於己身。

次結金剛縛契，如上以手合拍令歡喜，誦此密語：

唵　薩婆怛他揭多　鼻三菩提　跋折羅都使野護

如是以一切如來身口意金剛差別契修飾自身已，復想一想隨形相如莊嚴自身，而誦一切如來大乘阿毘三摩耶百字密語，而令堅固。即說百字密語：

唵　跋折囉　薩埵三摩耶　麼奴波邏耶金剛薩埵三摩耶願守護我　跋折囉薩埵哆吠奴烏二合播底瑟吒以為金剛薩埵涅哩荼烏二合銘婆嚩為堅宰我素覩沙揄二合銘婆嚩於我所歡喜阿努囉上訖覩二合婆銘縛素補使揄二合

銘娑嚩　薩婆悉地　含銘般囉野綽(授與我一切悉地)薩婆羯磨素遮銘(及諸事業)質多失唎耶(令我安隱)句嚧吽呵呵呵呵護(引)薄伽梵(世尊)薩婆怛他揭多(一切如來)跋折囉麼迷悶遮(願金剛莫捨離我)跋折哩婆嚩(令我為金剛三摩耶薩埵)摩訶三摩耶薩埵阿(引去)

如是堅牢已，一切如來身口意金剛加持，以觀自身成等正覺。

次復於一切如來前而獻自身，誦此密語：

唵　夜他薩婆　怛他揭多怛他含(如諸一切如來我今亦復如是)

復次，以正定心，從上所說觀察自我身心，一切真實大菩提心是色類種種功德莊嚴所生，善巧方便之所建立，意樂救拔，盡遍世界而為嚴飾，永盡遠離一切分別。如上觀已，即誦此密語：

唵　怛他揭都含(我是如來)

復次，我今已入普賢摩訶菩提薩埵行位，證得無住涅槃，成就希有，自身勝解不可說示。於一切如來我今敬禮白言：「世尊！願加持我，現證等覺，願為堅牢。」

作此祈請已，則想一切如來入於己心薩埵金剛中，而誦此密語：

唵　薩婆怛他揭多阿毘三菩提　涅哩荼堅牢也　跋折囉　底瑟咤一切如來正等菩提金剛堅牢安隱

金剛頂瑜伽中略出念誦經卷第二

金剛頂瑜伽中略出念誦經卷第三

大唐南印度三藏金剛智譯

復次，如是思惟，我成等正覺未久，一切如來普賢心一切如來虛空所生大摩尼寶而灌頂之，得一切如來觀自在法智波羅蜜，一切如來毘首羯磨性，不空無障礙教令，所依希求皆悉成就圓滿。我今應當於一切法界周流盡虛空界一切世界遍雲海中，一切如來平等性智諸神通為現證故，於一一世間安立之處為一切衆生故，應發一切如來大菩提心，成就普賢種種奉事一切如來種族詣大菩提道場。應當示現降伏一切魔軍，證一切如來平等性智摩訶菩提。應轉法輪降伏一切外道，乃至盡遍救護一切衆生，應授彼等種種安樂悅意。應當成就一切如來神通種智最上悉地，及餘引喻一切衆生，示現童子，戲住王宮，踰城出家，現修苦行，外道來詣我所。

復應思惟一切如來神變，復當示現我亦未得一向離於戲論，我當決定以一切如來三摩地所生，能現一切，清淨一切世間戲論。為一切世界清淨故，應以此法觀察一切如來部漫*荼羅所應作漫*荼羅，於中如法式坐，修習加持自身，以為結摩訶菩提薩埵摩訶契（謂金剛薩埵契是也）。具此契法加持已而起，以止羽為金剛拳，觀羽執跋折羅，示威猛相，普遍觀察處置，稱我跋折羅薩埵而按行之。

其作壇處，或別作淨室，或舊淨室。擇地等法，不異蘇悉地說，及治地用瞿摩，塗淨准常。

次以搓緊合雜繩，具足端嚴，稱其肘量，智者隨其力能，以繩絣其壇。壇形四方四門，以四吉祥莊飾，具以四道繩，繒綵幡蓋懸以莊嚴於諸角分門闕出眺間，以金剛寶間錯而絣外壇場。若為閻浮提自在王，或為轉輪王，應畫壇場周圍過一由旬·，大威德阿闍黎漸小，亦應作乃至四肘量。智者觀察應堪孚化者，隨意度量，結其壇場，亦無過失。為欲利益應所化者，金剛薩埵置立壇場，號為金剛界等。如經所說，設於掌中隨意作彼等一切壇場，能作利益，何況地上！其為四肘壇法，四邊椽各闊十二指，於其中應布綵色，畫賢劫等菩薩，謂名慈氏阿時多等，及守門供養者，或闊十指半，一麥又加半，其諸門量，取四肘中九分之一，入門稍闊。若畫壇師依如此法畫者，令諸摩訶薩埵皆為歡喜。

其門外須據門闊狹取半引外，據取一倍各各橫屈准上齊量，各各竪畫兩邊相望，橫畫為合。取其外圍一面三分之一，從心環遶為輪；又取其中三分之一，從心如上環遶為輪。其壇中央門子輪，縱橫下八線道，跋折羅如殿柱，想以成八拄，莊嚴其大圓輪，亦跋折羅像皆五色作，或一百八，或三十七，鋒相拄接，從入門至東北角，竪吉祥門拄。如是外壇智者以此法畫已，於彼似月輪，入其中宮，布置金剛線道，以八柱而為嚴飾，竪於金剛柱上；各以五月輪，於內壇中央各置佛像。於佛四面及諸壇中心，各次第畫於四三摩耶尊勝者；復以金剛勢，擘過入於四壇。金剛勢者，以意擎舉所畫及於金剛線，若入若出，畫壇人不得騎驀金剛線道，應誦密語舉之，從下過，不失於三摩耶，即說此密語：

唵　跋折羅引鞞伽此二字本無羯囉二合摩吽

阿閦等四佛皆應布置。初從金剛方，畫阿閦鞞壇，具以執金剛等四三摩耶尊勝者，想四方佛面向毘盧遮那座。先畫執金剛在阿閦前，次畫右、次左、次後，諸部准此。次至寶方寶生壇，圓滿金剛藏等。次花方阿彌陀壇，清淨金剛眼等。次業方不空悉地壇，金剛毘首等。於鑁部中，各依本方置四波羅蜜，輪內四隅置四內供養，初從火天方，順旋而作，終*風天☆方。外壇四角線道之中置外供養，作法同前。又四角外作半跋折囉，於四門間畫四攝守門者，於外壇場中應置摩訶薩埵，具足一切相，能為一切利益，具知法式。

金剛阿闍梨以無迷亂心應畫諸尊首者，若無力能可畫者，即以種種綵色，各各畫其部印，勝具功德者尊首皆悉置之。以一切寶末為粉，或以種種馱覩粉朱沙石綠空青等是也，或復以殊妙五色染米粉等者，應從內先下色，初下白色，次赤色，次黃綠，皆在內院，其外院以黑為之。於五色中，各想字加之，白色中想著鑁字，赤色中想置琰字，於黃色中想阿藍字，於綠色中想覽字，於黑色中想頷字。如是五字各置於色中已，於彼思惟五種如來智一謂法界性智也，以大悲意，為一切世間煩惱泥沈溺五欲樂，令彼退轉故，以瑜伽思惟，於如來五種智，我當令安立。結此印已，於五種色中，各各以印觸之。其結法以二金剛拳，進、力二度仰側，如針相拄是也。即說密語：

唵　跋折囉　質多羅合二三摩耶

誦此密語時，以明目視之，欲令其色顯現。焰熾者，應誠實誓言加持，是諸衆生多愛染色，諸佛復為利益衆生故，隨彼染愛以誠言願，此色等皆發焰熾。此結壇法，以粉作之最為第一，欲取久固畫作亦得。

次說畫印法。於鏤輪壇中畫蓮花臺，座上置窣堵波，此名金剛界自在印。帝釋方輪壇蓮花座上，畫橫金剛杵形，於橫杵上有竪跋折囉，此名金剛心印。琰羅方輪壇花座上置寶珠，此名己身灌頂印。龍方輪壇中畫橫跋折囉，上畫蓮花，*名花法器仗印。夜叉方輪壇花座上畫羯磨跋折囉形如十字皆有鋒刃，此名一切金剛印。凡所畫印，具有圓光，置於蓮花上。

又於金剛部本位畫金剛薩埵印，畫二跋折囉，竪而相並，上下一股，互相鉤交。次又畫二跋折囉，其形如箭。次畫稱善哉，作拳如彈指像。次畫掌中寶珠，而具光明焰。次畫金剛日輪印，如上光明焰。次畫寶幢，其上畫火焰光。次橫畫雙跋折囉，中間畫露齒像。次畫跋折囉，腰有蓮花；及畫金剛刀劍，具熾焰光。次畫金剛輪輻金剛，次畫其舌具赫奕光明。次畫羯磨金剛，周遍皆有頭面。橫畫跋折囉，其上有半跋折羅。次甲冑像，領袖有半杵形。次畫橫杵，上有二牙。次畫橫杵，上有二金剛拳。次畫薩埵金剛等記驗印，應畫金剛*嬉戲等。復於其外，隨依儀式畫各自印記，又於其門間畫諸守門者印記。如上所畫印像等，皆下有蓮花，上有光焰。次畫彌勒等自印記，所應畫者，皆隨意畫。又想千菩薩，各在諸方悉具嚴飾，以自語言印而安立之，然後住於壇門前，善遍觀察已，於其壇空處界外，應用殊妙塗香塗之；於外壇之外，周圍各闊一肘，或以二肘，以衆妙塗香細密塗之。

其次為一切見驗故，應各置自語言印，其壇師有大威德者，欲令自弟子究竟安住於如來位者，應當決定抄畫金剛界摩訶薩埵等呪各置本位上，此等是自語言印，皆從金剛界門生，隨其自羯磨相應具有大威力，次第而說此密語曰：

第一跋折羅馱都　第二阿閦鞞　第三阿囉(二合)怛娜(二合)三婆頗　四嚧計攝伐囉阿羅(二合)穰　五阿目伽悉地　六跋折囉薩埵　七跋折囉阿囉(二合)穰　八跋折囉阿囉(二合)伽　九跋折囉娑度　十跋折囉阿羅(二合)怛那　十一跋折囉底穰(而佉反)　十二跋折囉計覩　十三跋折囉賀娑　十四跋折囉達摩　十五跋折囉帝乞瑟那　十六跋折囉係覩　十七跋折囉婆沙　十八跋折囉羯磨　十九跋折囉阿羅乞沙　二十跋折囉藥叉　二十一跋折囉散地　二十二薩埵跋折𠼝　二十三阿囉怛那跋折𠼝　二十四達磨跋折𠼝　二十五羯磨跋折𠼝　二十六跋折囉邏斯　二十七跋折囉摩囇　二十八跋折囉擬提　二十九跋折囉涅哩底　三十跋折囉杜鞞　三十一跋折囉補瑟篦　三十二跋折囉嚧計　三十三跋折囉建提　三十四跋折囉俱舍穰(而佉反)　三十五跋折囉跛賒吽　三十六跋折囉薩普吒鑁(平)　三十七跋折囉尾賒護

於彌勒等一切菩薩唯純抄一阿字，其色如雪，或如月暈陀花色，或於彼等位但抄金剛薩埵字，或抄彼等名字。

十六大菩薩，第一畫彌勒，其次不空見，次畫能捨一切惡趣，復畫樂摧一切黑闇憂惱，次畫香象，復畫勇猛，次畫虛空藏，次畫智幢，次無量光，次月光，次賢護，次光網，次金剛藏，次無盡意，次辯積，次普賢，次大光明。及畫所有不退轉者，諸有趣有者，乃至諸輪轉有路，摩訶薩大威德者。

其金剛阿闍梨應思惟是等及餘，置外壇中，毘盧遮那等諸天，止住欲界者，意樂調伏煩惱者，及舍利弗等無量諸比丘來詣者，皆思惟之。又想大自在天，共其妻、眷屬、侍從衆等。又想虛空天、歡喜自在天、及商主天有四妹者、摩訶迦羅、難提、緊攞嚩羅、都沒、嚧羅陀天，及想諸曜等差別名字。又種種密語神王，世間迦樓羅等，那羅陀天梵天為首天帝王天，及一切魔軍，并其侍從。於其壇外，[①]想其印，或畫其形，或但書名。

次明儀式。金剛阿闍梨如上所說，隨位布置已，復依法住瑜伽，號為跋折囉吽迦羅，即說此吽三摩地法。復想自身，微有豎牙，以瞋怒面而笑。又想以左腳押大自在天，以右腳押大自在妻乳房。次結摩訶三摩耶契而執花鬘，為阿闍梨自在者，哀愍利益諸衆生故，應入壇場。即誦本密語，如法奉獻諸佛花鬘，或以身、或以心一迴右旋其壇，卻至本處，以金剛儀式，復取其鬘置自身頂上，誦本密語而髻之。復以住瑜伽，速疾而右旋，住夜叉方門，勝伏三界世間形相，以意而開四金剛門，即說結開門契。結二金剛拳並之，以進、力度仰相拄，檀、慧度互相鉤，以瞋怒意竪進、力度撥開，此是最上開門契。復為利益諸衆生故，應用此密語開門，密語曰：

唵　跋折囉　糯嚧特伽二合吒耶　三摩耶鉢羅二合吠舍耶吽

復以瑜伽住於諸門，從於夜叉方門開已，次如法開琰羅方門，其次轉住開於帝釋方門，次如法開龍方門，諸開門倣此，當衝門而開。其次用殊妙金瓶，或以銀瓶盛一切寶及妙香藥，和水盛之，以妙枝條插於瓶中，於其口上以種種果子及諸名花以為嚴飾，復以塗香而塗之，以雜色繒綵繫其瓶項，作種種莊嚴已，應專一心以密語護之。於其本位各置一瓶，如其不辦，遍於其四角及於入門各置一瓶，布列香花、雜果種種供養以次如上法，求請教令加持自己等。既作已，即結請會契，而稱自名，啟請一切如來及菩薩眾會，願垂降赴，三唱此伽他曰：

願來一切諸有中，唯一堅實祕密者，用能折伏暴惡魔，現證無邊離自性。
我今鉤召依教請，願周雲海來集會。

次結雲集契法。結薩埵金剛堅牢契已，屈進、力度於忍願度傍，稍屈相離如鉤形。彼金剛契分已，即交臂以手，左內右外抱胸，便以兩手數彈指出聲，召請一切如來，令使雲集，即誦此密語：

唵 跋折囉 三摩闍 穰(而佉反上)

從穰字生大身菩薩，名金剛雲集。於虛空中，思惟以左右手執金剛杵及揵搥，擊之出聲遍滿虛空。爾時纔出此方便，即從諸方一切世界，微塵數諸如來及與諸菩薩眾會，以金剛彈指方便，發悟一切世界周流雲海，皆來集會。於修行菩薩行持誦門師前而住，以金剛鉤鉤招集，以金剛羂索引入，以金剛鎖鎖住，以金剛磬令生歡喜。次如上所說，諸座上各思惟安隱而坐，次誦如上所說一百字密語，及以遏伽水而奉獻之，次修習金剛薩埵大契，速疾誦最上一百八名一遍：

我今敬禮一切如來，普賢金剛上首金剛薩埵，執金剛，摩訶金剛薩埵！

我今敬禮如來不空王，妙覺最上金剛王，金剛鉤，金剛請引！

我今敬禮能調伏者魔羅諸欲，金剛愛染摩訶安樂，金剛弓，金剛箭，摩訶金剛！

我今敬禮金剛善哉，金剛歡喜，摩訶悅意歡喜王，妙薩埵上首，金剛首，金剛喜躍！

我今敬禮金剛寶，妙金剛，義金剛，金剛虛空，摩訶摩尼虛空藏，金剛富饒，金剛藏！

我今敬禮金剛威德，金剛日最勝光，摩訶光焰，金剛輝，摩訶威德，金剛光！

我今敬禮金剛幢，善利衆生金剛光，善歡喜寶幢大金剛，金剛寶仗！

我今敬禮金剛笑，金剛微笑，摩訶笑，摩訶希有樂生歡喜，金剛愛，金剛歡喜！

我今敬禮金剛法善利薩埵，金剛蓮花善清淨觀世自在，金剛妙眼，金剛眼！

我今敬禮金剛利摩訶衍那摩訶器仗，文殊師利，金剛藏，金剛甚深，金剛覺！

我今敬禮金剛輪，摩訶理趣，金剛因大堅實妙轉輪，金剛起，金剛道場！

我今敬禮金剛語言，金剛念誦，能授悉地無言說，金剛上悉地，金剛言說！

我今敬禮金剛毘首，金剛羯摩，金剛妙教善遍一切處，金剛大寬廣，金剛不空！

我今敬禮金剛守護，摩訶無畏，金剛甲冑大堅固，難可敵對上首精進，金剛精進！

我今敬禮金剛藥叉，摩訶方便，金剛牙甚可怖畏，金剛上摧伏魔，金剛暴惡！

我今敬禮金剛密令善現驗，金剛嚩善能解放，金剛拳上勝，三摩耶金剛拳！

爾時以雲集故，一切如來皆歡喜，便得堅固，又金剛薩埵自為親友，能成一切事。

次以大羯摩勝上等契，思惟於瓶中出現蓮花，具妙色香，隨清淨位處，以修瑜伽，次第而令坐之，結金剛縛契已，以定心分擘為二，次後結諸印並准此。以止羽金剛指，以觀羽手應執之，此名菩提最上契，能授與佛菩提。結此大印已，應當想毘盧遮那尊首坐於壇中央，結加趺坐有大威德，色如白鵝形如淨月，一切相好皆悉圓滿，頭具寶冠垂髮，以繒綵輕妙天衣繞腰，披緎而為上服，一切明呪以為其體，能作無量神變，常以三昧金剛輪遍滿生死界。備大輪印已，而安置*記印*訖，如是思惟世尊，即能成就一切羯磨，即說密語：

唵　跋折囉　馱都鑁

次復想諸善逝以白、黃色蓮花，阿閦鞞、寶生、觀自在及不空大牟尼，種種殊妙不空色，作是思惟獲無量果，應次第如法安立本契。

阿閦鞞名觸地契，即說密語：

唵　阿閦鞞　吽

寶生名授所願契，密語：

唵　阿囉(合二)怛那(合二)三婆嚩　怛囉(合二)

無量壽名勝上三摩地契，誦此密語：

唵　嚧計　攝縛(合二)囉囉闍頡哩(重呼)

不空名施無畏契，密語：

唵　阿慕伽悉悌惡(重呼)

復次，結金剛薩埵等契。明儀式者，一一次第想已而安立之，以威德意氣，用二*指舉之，謂結二金剛拳，止羽當心，觀羽如弄跋折羅勢，誦此密語：

唵　跋折羅　薩埵阿(引)

用二，執竪鉤交肘已，誦此密語：

唵　跋折羅　穰

用二，狀如放箭，誦此密語：

唵　跋折羅　阿羅伽護(引)

又用二，金剛於心上，為善哉契，彈指，誦此密語：

唵　跋折羅　娑度索

又用二，置額上為灌頂，誦此密語：

唵　跋折羅合二阿羅合二怛娜合二唵

復用二金剛，置於心上，如轉日輪，誦此密語：

唵　跋折羅　底穰闍引

又用二，竪右肘，於左拳上為幢，誦此密語：

唵　跋折羅　計都　多藍合二

即彼二拳指契置於口，向上雙散之，誦此密語：

唵　跋折羅　何娑呵上

想止羽如拘勿頭，以觀羽擘開之，誦此密語：

唵　跋折羅達摩頡唎合二

又用左，置於心上，如煩惱障。以右為劍，想以殺之，誦此密語：

唵　跋折羅帝乞瑟那淡引

又用二，伸臂當前，轉之如輪，誦此密語：

唵　跋折羅　曳都摩含合二

又用二，從口而起，誦此密語：

唵　跋折羅　婆沙　阿藍

又用金剛舞，兩手相繞，觸兩乳、兩頰，置於頂上，誦此密語：

唵　跋折羅　羯磨劍

又用以胸前繞腰，如被甲像，誦此密語：

唵　跋折羅　阿囉乞沙合二啥去

又用二，展檀、慧、進、力等度，置口兩傍如牙，誦此密語：

唵　跋折羅　藥吃沙合二吽引

又用二拳，合相捺，誦此密語：

唵　跋折羅　慕瑟　置鑁

又用二，小低頭，金剛意氣，以意申敬，誦此密語：

唵　跋折羅　邏細護引

又用二，以繫髮儀式，而繫之頭上，誦此密語：

唵　跋折羅　麼隸　怛羅合二吒輕

又用二，置於心上，以口似變出，誦引下申臂，誦此密語：

唵　跋折羅擬研以反提擬提

又用二，以作舞儀已，置於頂上，誦此密語：

唵　跋折羅　涅哩帝曳合二訖哩合二吒輕

又用二，覆手開掌，向下按之，誦此密語：

唵　跋折羅　杜鞞婀引

又用二，開掌，仰而向上舉之，誦此密語：

唵　跋折羅　補瑟鞞　唵短

又用二，相向急捺，持之為燈，誦此密語：

唵　跋折羅　嚧計禰重

又用二，置於心上，摩其胸前，向外抽散，為塗香印，誦此密語：

唵　跋折羅　健提俄(重)

又用二相背，檀、慧度相鉤，竪進度如針，曲力度為鉤，誦此密語：

唵　跋折羅(二合)俱奢穰(而佉反)

又用二，如上相背、相鉤，交進、力度，相拄為羂索，誦此密語：

唵　跋折羅　皤捨吽吽(重引)

又用二，進、力度相鉤為連鎖，誦此密語：

唵　跋折羅　窣普吒　鑁

又用二相背，檀、慧度相鉤，進、力度初分相交為磬，誦此密語：

唵　跋折羅　吠舍護(引)

次作阿閦鞞四部契，又作四波羅蜜等契，次第用之。又於壇外，用仰止羽拳契，應所置摩訶薩埵諸薩埵等觸地運想而安置之。

次說成就一切契法，於自心中想四面有金剛杵，然後依儀式結諸羯磨契。

次稱讚如上契之功德。由結大智拳契故，能入佛智。由結阿閦佛觸地契故，得心不動。由結寶生契故，能攝受利益。由結三摩地契，能持佛三摩地。由結離怖勝上契，能速施衆生無畏。

復次，由結金剛拳契意氣故，易得為金剛薩埵。由結金剛鉤故，能速鉤引一切如來。由結金剛愛欲契故，設是金剛妻自身亦能染著。由結金剛歡喜契故，一切最勝皆稱歎善哉。由結大金剛寶契故，諸天人師為其灌頂。由結金剛日契故，得同金剛日。由結金剛幢契故，能注雜寶雨。由結金剛微笑契故，速得與諸佛同笑。由結金剛花契故，能見金剛法。由結金剛藏劍契故，彼能斷一切苦。由結金剛輪契故，能轉一切如來所說法輪。由結金剛語言契故，能得念誦成就。由結金剛羯摩契故，一切如來能隨順事業。由結金剛甲契故，得為金剛堅固性。由結金剛牙契故，設是金剛尚能摧碎。由結金剛拳契故，能得一切諸契，獲得悉地。由結金剛喜戲可喜契故，常受諸歡喜。由結金剛鬘契故，得美妙容色。由結金剛歌詠契故，得清淨妙音。由結金剛舞契、供養契故，得一切隨伏。由結金剛香契故，得悅意處。由結金剛花契故，得諸莊嚴。由結金剛燈供養契故，獲大威光。由結金剛塗香契故，獲得妙香。由結金剛鉤契故，能為鉤召。由結金剛羂索契故，而能引入。由結金剛鉤鎖契故，能繫留止之。由結金剛磬契故，能生歡喜。

復次，說一切如來金剛三摩耶結契智。欲結三摩耶等契時，先須想於己心中，一切如來三摩地所生，大殊勝五股金剛杵，己身合二羽初分相交，觀羽押止羽，此名金剛合掌。極諸度本，互相握合，此名金剛縛契；凡諸三摩耶契，皆從此無上金剛縛所生。我今當次第說諸三摩耶契法。作金剛縛契已，申忍、願度，*屈其初分相拄為刀，曲進、力度於刀傍，此是毘盧遮那金剛界自在契，密語曰：

唵　跋折羅　哆尾亡禮反二合攝嚩二合頡哩跋爾哩二合儞吽引

次如本縛契已，合申忍、願二度，竪為莖，此名阿閦鞞佛三摩耶契，密語曰：

唵　跋折羅　跋折哩儞吽引

如本願縛契已，屈忍、願度，初分相拄，智、定度面相拄為寶，此名寶生佛三摩耶契，密語曰：

唵　阿羅二合怛那二合跋折哩禰二合吽

如本縛契已，曲忍、願度，相拄為花，此名阿彌陀佛三摩耶契，密語曰：

唵　跋折羅　達謎儞吽

如本縛契已，屈忍、願度入掌，申檀、慧、智、定度如針，此名不空成就佛三摩耶契，密語曰：

唵　跋折羅　羯磨跋折哩禰合二吽

次說金剛薩埵等契。結金剛縛契已，想二掌為月輪，合申忍、願二度，竪檀、慧、智、定度而不合，為五股金剛形，是名薩埵金剛契，密語曰：

唵　三摩耶薩埵

如本縛契已，曲進、力度為鉤，頭指去二三分許，此名不空王摩訶薩埵三摩耶契，密語曰：

唵　阿娜耶　薩埵

如本縛契已，曲進、力度中分，橫相交，是名摩羅摩訶菩提薩埵三摩耶契，密語曰：

唵　阿胡蘇(上)佉

如本縛契已，以智、定度捻進、力度，各彈指為善哉，是名金剛踊躍薩埵三摩耶契，密語曰：

唵　娑度　娑度

如本縛，竪智、定度，偃屈進、力度，面相拄，此名金剛藏菩薩三摩耶契，密語曰：

唵　蘇摩訶　怛嚩

如本縛，展檀、戒、忍、慧、方便、願等開掌，此名金剛光菩薩三摩耶契，密語曰：

唵　嚧布嗚(二合)儞瑜多

如本縛，以檀、戒、慧、方便等度竪合，此名金剛表剎(亦名金剛扶)菩薩三摩耶契，密語曰：

唵　遏唎他　鉢朧底

即以上契置兩頰笑處，翻手解舉散之，此名金剛可愛菩薩三摩耶契，密語曰：

唵　呵呵呵呵　吽呵上

如本縛，豎智、定度，屈力、進度，頭相拄，此名金剛眼菩薩三摩耶契，密語曰：

唵　薩婆迦引哩

如本縛，申忍、願度，屈其初分相拄如刀相，此名金剛劍菩薩三摩耶契，密語曰：

唵　努佉掣娜

如本縛，戒、方便度和豎，檀、慧度相交，此名金剛輪菩薩三摩耶契，密語曰：

唵　嚩駄蒲地

如本縛，開展智、定度，從口向外申拓，此名金剛語言菩薩三摩耶契，密語曰：

唵　鉢囉（上聲）　底攝勃馱

如本縛，以智、定度押檀、慧度，為羯磨跋折羅，此名毘首羯磨菩薩三摩耶契，密語曰：

唵　蘇（上）婆施哆嚩

如本縛，竪進、力度，置於心上，此名勇猛菩薩三摩耶契，密語曰：

唵　禰（寧一反）婆耶　哆縛

如本縛，曲進、力度，開檀、慧度為牙，此名金剛夜叉三摩耶契，密語曰：

唵　捨咄嚕婆乞沙

如本縛，以智、定度捻檀、慧度本間，屈進、力度於智、定度背上，此名金剛拳菩薩三摩耶契，密語曰：

唵　薩婆悉地

如本縛，置當心已，竪智、定度，此名金剛愛（即嬉戲妓也）密供養天三摩耶契，密語曰：

唵　摩訶囉底丁里反

如本縛，長申二臂為鬘，此名金剛鬘天三摩耶契，密語曰：

唵　嚕　跛戍鞞

作金剛合掌契，從口引出，向下申臂，此名金剛歌詠天三摩耶契，密語曰：

唵　舜入嚕二合怛囉二合上掃溪

即開前契，相繞如舞勢已，合掌置於頂上，此名金剛舞供養天三摩耶契，密語曰：

唵　薩婆布逝

如本縛，覆二羽掌，下按之，此名燒香供養天三摩耶契，密語曰：

唵　鉢囉曷邏偭寧上

如本縛，仰二羽掌，上舉之，此名花供養天三摩耶契，密語曰：

唵　發邏伽上冥

如本縛契，竪智、定度，此名燈供養天三摩耶契，密語曰：

唵　蘇帝穰(而伽反)釳(魚乙反)哩

如本縛，開掌摩其胸前已，各分向外，此名塗香供養天三摩耶契，密語曰：

唵　蘇伽馱　霓(魚夷反)

如本縛，曲進、力度作鉤，此名金剛鉤菩薩三摩耶契，密語曰：

唵　阿耶(去)傜(形以反)穰(而佉反)

如本縛，橫定度已，以智度押之，頭入掌內，此名金剛羂索菩薩三摩耶契，密語曰：

唵　阿傜(形以反)鉡

如本縛，以檀、定度及慧、智度，相鉤穿之，此名金剛連鎖菩薩三摩耶契，密語曰：

唵　傜窣普吒彭(浦鹹反)

如本縛，以智、定度，並入掌內，此名金剛召入菩薩三摩耶契，密語曰：

唵　健吒婀婀

次說如上諸三摩耶契功德。由佛隨念契故，能速證菩提。由薩埵金剛契故，能為一切契尊主。由寶金剛契故，得一切寶主。由法金剛契故，得佛法藏。由羯磨金剛契故，能作一切事業。由薩埵契故，得成金鋼薩埵身；由金剛鉤契故，能召諸執金剛。由金剛愛染契故，能樂一切佛法。由金剛善哉契故，能令諸佛歡喜。由寶契故，得佛灌頂位。由金剛威光契故，得金剛威光。由金剛幢契故，能施滿一切願者。由金剛笑契故，能供一切佛笑。由金剛法契故，能持金剛法。由金剛利劍契故，得佛最上慧。由金剛輪剛契故，能轉妙法輪。由金剛語言契故，得佛語言悉地。由金剛羯磨契故，速得最上成就。由金剛鎧契故，得為金剛身。由金剛夜叉契故，得同金剛夜叉。由金剛拳契故，得成就一切契。由金剛嬉戲妓契故，獲得大喜樂。由金剛鬘契故，得受佛灌頂。由金剛歌詠契故，得佛讚詠法。由金剛舞契故，得佛攝護賜以供養。由金剛燒香契故，能*瑩潔一切界也。由金剛花契故，得令世界隨順。由金剛光明契故，得佛五眼。由金剛塗香契故，能除一切苦厄。由金剛都印主契故，能攝召一切。由金剛羂索契故，能引入一切。由金剛鎖契故，能制縛一切。由金剛召入契故，能成就攝入一切。

次以十六大供養契，應供養一切如來。結金剛縛已，隨次第依本處作之。以金剛縛，從心契之，次左脇、右脇、背後，次額、口、兩耳、頂後、右肩及腰，既周匝已，還置心上。

今次第說十六大供養契密語，其心上密語曰：

唵　薩婆怛他揭多（一切如來）薩婆答莽（己身）禰（年一反）耶怛那（奉獻也）布穰（而佉反供養）薩頗羅拏（普皆）　羯磨跋穰（而佉反）　哩婀

論曰：於一切如來，我盡以身奉獻，普皆供養，作諸事業。

置左脇契，密語曰：

唵　薩婆怛他揭多　薩婆答莽　禰耶怛那　布穰窣發羅拏　羯磨釳（魚乙反）哩穰（而迦上反）

論曰：於一切如來，我盡以身奉獻，普皆供養勝上羯磨。

右脇契，密語曰：

唵　薩婆怛他揭多　薩婆答莽　禰耶怛那　阿努羅伽（上）那（愛業也）布穰窣發囉拏羯

磨婆寧鈝護引

論曰：於一切如來，盡以身奉獻，普皆供養羯磨弓箭。

腰後契，密語曰：

唵　薩婆怛他揭多　薩婆答莽　禰耶怛那　婆度迦囉善哉也　布穰窣發羅拏羯磨覩所置上歡喜也娑重

論曰：於一切如來，盡以身奉獻，以善哉聲，普皆供養歡喜事業。

額上契，密語曰：

唵　娜麼與南無同薩婆怛他揭多　迦耶毘曬罽平　曷羅怛寧　瓢　跋折囉末禰　唵

論曰：一切如來身所灌頂諸寶，我今敬禮金剛摩尼。

於心上旋轉，如日輪相，密語曰：

唵　娜麼薩婆怛他揭多素唎曳瓢毘也反跋折囉帝爾寧威光也入嚩囉熾焰也奚形伊反

論曰：一切如來金剛日等，我今敬禮熾焰威光。

置契頂上，長舒二臂，密語曰：

唵　娜麼薩婆怛他揭多阿(去)賒(式佉切)播哩布羅拏震哆莫儞突嚩穰(而佉反)鉈哩瓢跋折羅突嚩穰(而佉反)姞唎怛嚂

論曰：我今敬禮一切如來，如意寶珠，所求滿足，金剛勝上幢。

於口上笑處，解散金剛縛時，密語曰(如解契法)：

唵　納莫薩婆怛他揭多　摩訶奔(入)唎(二合)底(丁里反)鉢羅慕地夜(二合)迦唎瓢跋折羅荷斯訶

論曰：敬禮一切如來，作歡喜者金剛笑。

口上，密語曰：

唵　薩婆怛他揭多跋折羅達磨陀(金剛法性也)三摩地毘薩兜茗(讚歎)摩訶達磨係唎

論曰：以一切如來金剛法性三摩地，讚歎摩訶法音。

左耳上，密語曰：

唵　薩婆怛他揭多鉢羅穰(而佉反智慧也)波羅蜜多阿鞞禰(泥一反)呵唎窣覩努冥(讚歎)摩訶具沙努倪淡(伊我反)

論曰：以一切如來般若波羅蜜多所出語言，隨大音聲讚歎。

右耳上，密語曰：

唵　薩婆怛他揭多者羯羅（引）叉羅鉢唎伐多儞薩婆蘇（上）怛囉按（左杵）多娜曳薩兜努茗薩婆漫茶唎（一切道場）𤙖

論曰：一切如來文字轉輪為首，諸契經理趣，讚歎一切道場。

頂後，密語曰：

唵　薩婆怛他揭多　散陀婆沙（密語）勃陀僧祇底毘（歌頌也）伽延窣覩努茗　跋折囉　婆唎遮（語言也）

論曰：以一切如來密語，我今歌詠，讚歎金剛語言。

頂上，密語曰：

唵　薩婆怛他揭多　杜婆（香也）暝伽（雲也）三慕達羅（海也）窣發羅拏（普皆）布穰（而怯反供養）羯冥（事業）伽羅　伽羅

論曰：以一切如來香雲海，普皆供養事業。

右肩，密語曰：

唵　薩婆怛他揭多　補澁波（花也）鉢羅婆羅窣發羅拏布穰羯冥枳哰枳哰

論曰：以一切如來種種妙花雲，普皆供養，作事業故。

右膝，密語曰：

唵　薩婆怛他揭多嚕迦入嚩攞　窣發囉拏　布穰羯磨婆羅婆羅

論曰：以一切如來光明熾焰，普皆供養，作羯磨故。

如上作已，復置心上，密語曰：

唵　薩婆怛他揭多　健馱（塗香也）三慕達羅窣發囉拏　布穰羯冥句嚧句嚧

論曰：以一切如來塗香雲海，普皆供養，作事業故。

如是十六大供養契，所應作已，即結如上花契大印，觀察十方而作是言：「我今勸請一切諸佛，未轉法輪者，願轉法輪；欲入涅槃者，願常住在世，不般涅槃。」

復作是念：我今奉獻此贍部洲及十方世界中人天意生乃至水陸所有諸花，皆持奉獻十方一切摩訶菩提薩埵，及一切部中所住眷屬，一切契明諸天等，我為供養一切如來作事業故。誦密語曰：

唵　薩婆*怛他揭多　補瑟波(花)布穰瞑伽三慕達羅　窣發羅拏三末曳(平聲此呼供養初名)　鈝(鼻聲引)

論曰：以一切如來花雲海，普皆供養。

又結燒香契，作是思惟：以人天所有本體香、和合香、變易香(所謂以瞻蔔等諸花或薰或浸變成此香)，如是等差別諸香，為供養一切如來羯磨故，我今奉獻。密語曰：

唵　薩婆怛他揭多　杜婆(燒香也)布穰瞑伽　三慕達羅窣發羅拏三末曳(平)鈝

論曰：以一切如來燒香雲海，普皆供養。

又結塗香契已，應作是念以人天所有本體香、和合香、變易等差別諸香，為供養一切如來羯磨故，我今奉獻。密語曰：

唵　薩婆怛他揭多　健陀布穰瞑伽　三慕達囉　窣發囉拏　三末曳(平)鈝

論曰：以一切如來塗香雲海，普皆供養。

又結燈契已，作是思惟：以人天所有本體、自生差別光明(謂寶珠等)悅樂意者，為供養一切如來作事業故，我今奉獻。密語曰：

唵　薩婆怛他揭多　儞婆(燈)布穰暝伽三慕達羅　窣發羅挐　三末曳鈝

論曰：以一切如來燈雲海，普皆供養。

結金剛寶契已，應作是念：於此世界及餘世界中，所有寶山諸寶種類，及地中、海中者，彼皆為供養一切如來羯磨故，我今奉獻。密語曰：

唵　薩婆怛他揭多部蕩(庭悉反)伽遏囉哆那稜(去)伽那　布穰暝伽　三慕達囉窣發囉挐　三末曳鈝

論曰：以一切如來覺分寶莊嚴具雲海，普皆供養。

結嬉戲契已，作是思惟：以人天所有種種戲弄玩笑、妓樂之具，皆為供養一切如來事業故，我今奉獻。密語曰：

唵　薩婆怛他揭多　訶寫(息也反上)邏寫(同上戲笑)訖哩陀　曷囉底掃佉(企伽反)阿努怛羅　布穰暝伽三慕達囉　窣發囉挐　三末曳鈝

論曰：以一切如來所戲笑遊翫最上喜樂雲海，周遍供養。

金剛頂瑜伽中略出念誦經卷第三

金剛頂瑜伽中略出念誦經卷第四

大唐南印度三藏金剛智譯

結薩埵金剛契已，作是思惟：如諸劫樹（西方國王長者以種種花香瓔珞裝掛樹上布施一切此名劫樹），能與種種衣服嚴身資具，彼等皆為供養一切如來作事業故，我今奉獻。密語曰：

唵　薩婆怛他揭多　阿努怛囉（無上）婆曰嚕（二合）跛摩三摩地婆鉢那跛那部折那網（無可反）薩那　布穰暝伽三慕達羅窣發囉拏三末曳吽

論曰：以一切如來無上金剛喻三摩地修習，上妙飲食、衣服雲海，普皆供養。

結羯磨金剛契已，作是思惟：虛空藏中一切如來，為承事故，即想一一佛前，皆有己身親近侍奉。誦密語曰：

唵　薩婆怛他揭多迦（去）耶禰（泥底反）耶怛那布穰暝伽　三慕達囉窣發囉拏三末曳鈝

論曰：以自身奉獻一切如來雲海，普皆供養。

結達摩金剛契已，作是思惟：我今此身，與一切菩薩身等同無異。復應觀察，諸法實性平等無異。作是觀已，誦密語曰：

唵　薩婆怛他揭多質多禰耶怛那布穰瞑伽三慕達囉窣發囉拏　三末曳鈝

論曰：以一切如來心奉獻雲海，普皆供養。

結寶幢契已，復應觀察，盡生死中一切衆生苦惱所纏，深生哀愍，我今為救護故，發阿耨多羅三藐三菩提心。是故若未度者我當令度，未安慰者當令安慰，未涅槃者令得涅槃，及雨種種寶，隨彼所求皆令滿足。作是思惟已，誦此密語：

唵　薩婆怛他揭多摩訶跋折嚕嗢婆摩但那波羅蜜多布穰瞑伽　三慕達囉窣發囉拏　三末曳鈝

論曰：以一切如來大金剛所生檀波羅蜜雲海，普皆供養。

結香身契已，作是思惟：願一切衆生身口意業一切不善願皆遠離，一切善法願皆成就。作是念已，誦此密語：

唵　薩婆怛他揭多　阿耨多囉摩訶部馱(田夜反)賀囉俱舍囉波羅蜜多　布穰暝伽三慕達囉　窣發囉拏　三末曳鉡

論曰：以一切如來無上菩提所生善戒波羅蜜多雲海，普皆供養。

結觸地契已，復作是念：願一切眾生成就慈心，無相惱害離諸怖畏，彼此相視心生歡喜，以諸相好莊嚴其身，成就一切甚深法藏。作是思惟已，誦此密語：

唵　薩婆怛他揭多阿耨多羅摩訶達磨網(無可反)報陀　乞叉地波羅蜜多　布穰暝伽三慕達囉　窣發囉拏　三末曳鉡

論曰：以一切如來無上法大覺悟忍辱波羅蜜多雲海，普皆供養。

結金剛鬪勝精進契已，作是思惟：願一切眾生修菩薩行，被精進堅固甲冑。作是念已，誦此密語：

唵　薩婆怛他揭多僧(去)娑囉訶鉢哩哆(當迦去反)伽摩訶毘離耶波羅蜜多布穰暝伽　三慕達囉窣發囉拏三末曳鉡

論曰：以一切如來不捨生死大精進波羅蜜多雲海，普皆供養。

結三摩地勝上契，作是思惟：願一切衆生盡能調伏煩惱怨讎，獲得一切深禪定相。作是念已，誦此密語：

唵　薩婆怛他揭多　阿耨多囉摩訶掃溪(企伽反)毘賀囉馱(田夜反)那婆囉蜜多　布穰暝伽

三慕達囉窣發囉拏三末曳鈝

論曰：以一切如來無上大安樂住禪定波羅蜜多雲海，普皆供養。

結一切如來能授與一切衆生願者寶生契已，作是思惟：願一切衆生成就五種明處智，一切世間出世間智慧普皆成就，得真實見，獲得盡除煩惱所知障智，以辯才無畏等一切佛法嚴飾其心。作是念已，誦此密語：

唵　薩婆怛他揭多　阿耨多羅戛(更鎋反)囇(力揩反)沙(煩惱也)寧耶(所知也)嚩囉拏(障)婆薩那(習氣也)弭奈耶那(能調伏也)摩訶鉢嘌(二合)穰(大慧也)波羅蜜多布穰暝伽　三慕達囉　窣發囉拏　三末曳鈝

論曰：以一切如來無上調伏淨煩惱習氣大慧波羅蜜多雲海，普皆供養。

結勝上三摩地契已，應當思惟：諸法真實性相，皆空、無相、無作，一切諸法悉皆如是。作是觀已，誦此密語：

唵　薩婆怛他揭多　悟呬耶(密)摩訶鉢哩鉢底(修行)布穰暝伽　三慕達囉　窣發囉拏　三末曳飦

論曰：以一切祕密修行雲海，普皆供養。

復應思惟：我今所出語言音聲，令一切眾生悉皆得聞。作是念已，誦此密語：

唵　薩婆怛他揭多婆袪(語言也)禰耶但那　布穰暝伽　三慕達囉　窣發囉拏　三末曳飦

然後以金剛言詞，應作歌詠頌曰：

金剛薩埵攝受故，得為無上金剛寶；金剛言詞歌詠故，願成金剛勝事業。

復以金剛語言，應以清美音讚之頌曰：

於諸世界種類中，能作塵數諸佛事，如來示現大神變，隨應顯現種種身。

無比不動常堅法，悲體能除世間苦，能授悉地諸功德，無比等力勝上法。

無有譬喻等虛空，少分功德尚無際，遍眾生界勝悉地，無比無量盡能成。

常法清淨由悲起，願力成就住世間，能為利樂無邊際，大悲為體常遍照。

悲行不動不取滅，遊化三界授悉地，諸不可量盡通達，雖已善逝現希奇。

常住三世力無礙，最上依怙無能超，能授一切三摩耶，願我速成勝悉地。

如是讚已，若更有餘勝妙讚頌，隨意讚之。其讚詠法，晨朝當以灑臘音韻，午時以中音，昏黃以破音，中夜以第五音韻讚之。如不解者，隨以清好音聲讚歎，常應每日四時念誦，謂晨朝、日午、黃昏、夜半也。應持四種數珠，作四種念誦。作四種者，所謂：音聲念誦；二、金剛念誦合口動舌默誦是也；三、三摩地念誦，心念是也；四、真實念誦，如字義修行是也。由此四種念誦力故，能滅一切罪障苦厄，成就一切功德。四種數珠者，如來部用菩提子，金剛部用金剛子，寶部用寶珠，蓮花部用蓮子，羯磨部用雜寶間錯為之。行者若能隨順瑜伽，修行三摩地念誦者，則無有時分限數，於一切時無間作之。

次明供養飲食法。應以香潔種種飲食供養，若不能辦，隨力作已，復當心念世間所有一一上妙飲食，種種珍果、蒲桃、石榴、諸非時漿，而作供養。若已身不獲修供養者，即令明解此法弟子如上作之。又以塗香、燒香，種種妙花、燈鬘、末利等（末利者以諸食飲果子等和水置瓶盆中是以施鬼神也）而作供養。復以幢幡、繒蓋、上妙天衣，及餘殊勝諸供養具，各以本密語加之，或加本部尊密語已（五部佛語是也），隨其力能而供養之。

行者欲求如來功德者，於壇場中，至心如上作供養時，當得親見金剛薩埵，若不見者，更當至誠祈請。隨行者為業力所感，或見諸佛，或薩埵等已，即以其鬘而奉獻之。爾時行者應自慶幸，以所獻鬘置己頂上，加本部密語已繫其頭上，當知是人便能獲得殊勝福報。行者修供養訖，即從壇出，取豆、果、餅、飯、胡麻、屑、諸花等，和水安瓶盆中，以歡喜心四方散之，施諸天鬼神眷屬等，各以本密語施之。

自在天密語曰：

唵遏哩賒（始俄反）儞曳（平）薩婆訶

天帝釋密語曰：

唵遏移達囉耶薩婆訶

火神密語曰：

唵遏姑娜曳(平)薩婆訶

琰魔王密語曰：

唵琰摩曳(平)薩婆訶

邏刹娑密語曰：

唵邏差(上)娑地婆哆曳(平)薩婆訶

諸龍及水神密語曰：

唵婆囉那(平)薩婆訶

諸風神密語曰：

唵縛夜微(亡子反)薩婆訶

諸夜叉密語曰：

唵藥乞叉苾陀(田迦上反)達犁薩婆訶

又於此方施諸類鬼神密語曰：

密止密止毘舍遮南　薩婆訶　蛩蛩(愚勇反)部馱南　薩婆訶

如上作法施已，當淨洗手、漱口，還入壇中禮一切佛及諸菩薩，如常念誦。

次明與金剛弟子入壇場灌頂法。其阿闍梨先已從師如法具足受灌頂法，明解三摩耶軌則(其阿闍梨法度如則也)，有是得者應如是請。當具修威儀，於其師所生如來想，合掌恭敬頭面頂禮，手按師足，作是白言：「尊者即是如來，即是執金剛。我今歸依尊者，求學正等菩提，為金剛性淨故，求學淨戒律儀，惟願尊者哀愍攝受。如諸最勝子，見有菩提種子眾生皆不捨置。我今已發菩提心，為欲建立不退轉位故，求入*漫荼☆羅。惟願尊者慈悲教示，令我盡見，受一切諸佛所共灌頂，被金剛寶、蓮花羯磨，及大部所有諸勝妙事，願皆攝取悉授與我。令我身心清淨智慧明了，於大小乘有所深義自然開解。於諸梵天、帝釋、毘紐路陀等天，及彼部屬鬼神、*荼吉尼等，我今為欲利益成熟一切眾生施安樂故，願我盡能摧伏彼等勢力。願我及一切眾生得離生死至涅槃處，如諸聖者相好具足，入如來位者，云何當得？願阿闍梨哀愍示誨。」

其阿闍梨知弟子堪與勝法，應當告言：「如汝所請，我今依佛所教能授與汝。應當一心諦聽，心莫散亂。若散亂者，一切如來金剛薩埵所不加持。」

次教發露懺悔，令自稱己名：「我某甲從無始劫來，以身語意廣作衆罪，無量無邊。我今於諸佛前，悉皆至心發露懺悔，不敢覆藏。我今懺悔，誓不更作，願罪消滅（具如廣文）。彼一切如來及諸佛子，甚深難入二種資糧、無量功德利樂一切世間者，我皆隨喜。」

次令歸依三寶。

諸部蓮座天人師，得大解超脫三界，功德圓滿大悲者，我皆至心盡歸依。

最勝慧者所住處，劣乘怖之比稠林，能速滅除生死有，我今歸依最勝法。

能除貪恚癡蛇毒，以慧得出生死宅，起大悲心覺悟者，敬禮歸命衆中尊。

次教發菩提心，汝一心聽：「菩提心者，從大悲起，為成佛正因，智慧根本。能破無明業報，能摧破魔怨。汝既能發大菩提心，應以心口相應發大誓願，隨我語說：

「我某甲為救度一切衆生故，發無上菩提心，於三十七品助道法門乃至六波羅蜜，誓願具足無間修行。我所積集善根，悉皆迴施一切眾生，願我及一切眾生，皆得證悟甚深法門。心淨廣大猶如虛空，以無功用自在能辦無量佛事，以平等大悲種種方便調伏利樂一切眾生，皆令得入無餘涅槃。於佛十力、無畏、不共法等，願我與一切眾生悉皆同得。」

如是教已，令諸弟子各隨尊卑依次而坐，以清淨恭敬、不亂散心，合掌而住。其師或以密語加其線索繫其左臂，或以塗香，或以心念，以此密語而護持之。密語曰：

唵　摩訶跛折囉迦(上)嚩遮(日也)跛折哩句嚧(金剛作也)跛折囉跛折囉含(重引)

次以此密語加塗香已，塗諸弟子掌中。密語曰：

唵　跛折囉　健提(塗香也)虐(魚伽反上)

塗香之時，告弟子言：「願汝等具得一切如來戒、定、慧、解脫、解脫知見之香。」

次以密語加香白花，持以授。密語曰：

唵　跋折囉　補澁篦(花也)唵

如是告言：「願汝得一切如來三十二大丈夫相。」

次持香爐，以此密語加之，熏弟子雙手。密語曰：

唵　跋折囉杜鞞(燒香)婀

如是告言：「願汝獲得一切如來大悲滋潤妙色。」

次以此密語加燈已，令弟子視之。密語曰：

唵　跋折囉　嚕伽儞(光明也)

如是告言：「願汝等獲得一切如來智慧光明。」

次以如上笑儀式密語加烏曇阿說他等樹枝以為齒木，復以摧破一切眾生煩惱、隨煩惱諸佛甚深智慧金剛劍密語加其齒木。復令弟子以掌中所受得花，令供養一切如來部中尊上首者。

次授齒木，師自私記，勿令差錯，令面向東嚼之。淨洗漱已，所嚼齒木當面擲之。師應觀其齒木頭所向處，以所嚼處為頭，隨所向方多是其部。若向四隅，多是毘盧遮那部。若有立者，當知是最吉祥相。師既觀已，施諸弟子，各隨所安。應告之言：「汝各端心而念，禮諸佛已，繫心睡眠，求境界相。汝所見者，晨來具說。」

作是教已，令隨意去。彼所見夢，晨於師所如實說之，若境界顛倒多妄想者，是不清淨相，應取牛五種味，所謂乳、酪、酥、糞、尿等，相和淨濾漉已，加金剛密語二十一遍，與之令服。若身心淨者，取白檀水，同用金剛密語二十一遍令服。密語曰：

唵　跋折囉　鄔陀迦　咤

如法服已，至其夜分，引至壇室門外，教令發露懺悔一切罪障，隨喜迴向一切功德。教作如上四種禮拜法已，取赤色衣與被，如著袈裟法：，若出家人，合著乾陀色衣。以赤色帛掩抹其眼，教與結金剛薩埵契，口授此心密語三遍。密語曰：

三摩耶　薩怛鑁

即教豎忍、願二度為針，以諸白花鬘或種種香花鬘掛其針上，次當引入壇場門中，三遍授此密語：

三摩耶　吽

應告之言：「汝今已入一切如來眷屬部中，我今令汝生金剛智，汝等應知，由此智故，當得一切如來悉地事業。然汝亦不應與未入此等壇場人說此法事，汝儻說者，非但違失汝三摩耶，自招殃咎耳。」

師應豎結薩埵金剛契，置弟子頂上告言：「此是三摩耶金剛契，汝若輒向未入壇人說者，令汝頭破裂。汝於我所莫生疑慢，應當深生敬信。汝於我身，當如執金剛菩薩。我所教誨，當盡奉行。若不爾者，自招其禍，或令中夭，死墮地獄，汝應慎之。」作是教已：「汝今求請一切如來覆護，令金剛薩埵入其身心。」

其師又結金剛薩埵，告言：「此是三摩耶金剛，名為金剛薩埵，願入汝身以為無上金剛智。」誦此密語：

跋折囉　薛舍　跋折囉　薛舍婀

次結瞋金剛拳，以忍、願二度相鉤，誦上大乘三摩耶百字密語，以金剛語言唱已，掣開上契。

「由此密語功能力故，令弟子入金剛智，證殊勝慧。由此智故，悉能獲得覺了一切眾生若干種心，能知世間三世事業，能堅固菩提心，能滅一切苦惱，離一切怖畏，一切眾惡不能為害，一切如來同共加持，一切悉地皆得現前，諸未曾有安樂勝事不求自得，汝當深自慶幸。

「我今為汝略說功德勝事。於一切地位三摩地、陀羅尼神通三昧、諸波羅蜜力無畏等，由此法故悉皆當得；所有未曾見聞百千契經甚深義理，自然能解。汝今不久自當證得諸佛真實智慧，何況下劣諸餘悉地！」

說是語已，問言：「汝見何等境界？」

若彼見白相者，應教最上悉地智；見黃相者，教義理所生悉地智；見赤相者，教奉事供養悉地智；見黑相者，教阿韓遮盧伽悉地智；見雜色者，教一切羯磨悉地智。若不見好色相者，即是罪障，應以鉤罪障契鉤彼諸罪，復以摧破諸罪契而摧破之。鉤罪契，經云：「結金剛縛已，申忍、願為針，曲力、進度於忍、願，背作跋折囉股形，勿相柱著，又於進、力度端，各想有穰(而伽反)字，以鉤曳彼身中所有罪障。」誦此密語：

唵　薩婆婆波迦(去)利灑儜　毘輸馱那　三摩耶　跋折囉　𤙖穰(而伽反上)

誦此密語時，想彼罪形如鬼形狀，黑色髮竪。即以二羽諸度各各相鉤，頭入掌內，想以進、力二度鉤夾彼罪，令入掌中，餘度面各相捻。即申忍、願二度為針，於願度端想怛囉字，忍度端想卓(知可反)字，又於字上想生火焰，夾取彼罪。誦此密語：

唵　跋折囉　跛寧(執也)蜜薩普吒耶(摧破)薩婆婀播耶(一切惡趣也)漫陀那寧(繫縛也)鉢囉(二合)慕乞沙耶(解脫)薩婆播波(一切罪障也)揭底弊(毘也反趣中)薩婆薩埵縛(無可反)南(一切眾生)薩婆怛他揭多跋折囉三摩曳(平)吽怛囉(二合)吒

誦此密語已，用力撚之，如彈指法，右上左下。

論曰：一切如來三摩耶，能解脫諸惡趣中一切眾生，執金剛應摧破一切惡趣繫縛。

如是次第摧破彼諸罪已，復想以諸佛光明淨彼身心。四方阿閦鞞等、上方毘盧遮那，皆放清淨光明；下方想金剛雄上字，放瞋怒光明而摧滅之。如是作法時，能令彼等必定得見善境界相，當知彼等罪障皆得消滅。若彼罪障極重，不見好相，師應為說真實伽他，令其覺悟。頌曰：

普賢法身遍一切，能為世間自在主，無始無終無生滅，性相常住等虛空。

一切衆生所有心，堅固菩提名薩埵，心住不動三摩地，精勤決定名金剛。

我今說此誠實言，惟願世尊扶本願，利衆生事諸悉地，慈悲哀愍為加持。

說此偈已，復結金剛入契，誦嚩字密語一百八遍。契，經云：「結金剛縛，以智、定度捻檀、慧度本間，以進、力度少曲相拄是也。」

如是作法已，又應問之，如無好相者，但可引入受三摩耶，不應與其灌頂。

次當授此密語三遍：

唵　鉢囉　底車授也跋折囉護引

誦此，教擲所掛鬘於壇中。隨彼因業，鬘所著處，即令念誦其部密語，當知速得成就。

次又授此密語三遍，令弟子所結三摩耶契，於其心上解之。密語曰：

唵　底瑟咤（願住也）跋折囉涅哩掉（茶路反堅固）暝婆摩（為我常也）舍（式餓反）濕伐覩暝婆摩（為我恒常也）　纈哩馱耶冥（為我心也）遏地底瑟咤（願為加持也）薩婆悉地（一切成就也）者鉢哩野車（及願授與也）户含（二合）呵呵呵呵護（引）

論曰：願金剛常住堅固加持我心，願授與我一切悉地。

即取彼所擲花鬘，加此密語：

唵　鉢囉底銇哩恨拏（攝授）怛嚩（無可反）緼摩含（二合）薩埵摩訶婆囉

論曰：願大力菩薩攝授汝。

誦此密語時，即以其鬘繫彼頭上，由繫鬘故，得摩訶薩埵攝授速疾成就諸勝悉地。次誦此密語，解掩眼物。密語曰：

唵　跋折囉薩埵　薩嚩（無可切）　焰帝提（為汝親開目）斫具數（平眼也）伽咤那（開也）怛鉢囉（專也）嘔伽咤野（令開）薩婆婀具毺（一切眼即）跋折囉斫具毺（金剛眼也）阿耨怛囉（無上也）　係跋折囉吠捨（呼彼令觀壇場也）

論曰：金剛薩埵親自專為汝開五眼及無上金剛眼。

次呼弟子，遍示壇中諸部事相。由此法故，為一切如來之所護念，金剛薩埵常住其心，隨彼所求，乃至執金剛身無不獲得，漸當得入一切如來體性法中。

次弟子灌頂。其灌頂壇應在大壇天方門外，下至二肘畫粉作四方正等，面開一門，於四隅內畫執跋折囉像。自在天方名住無戲論，火天方角名虛空無垢，羅剎方名清淨眼，風天方名持種種綺麗衣。中央畫大蓮花，其花八葉，臺蘂具足，花外周圍畫月輪相，光芒外出。正方四葉，畫四菩薩，各乘昔願殊勝力者。帝釋方葉名陀羅尼自在王，琰羅方名發正念，龍方名樂利衆生，夜叉方名大悲者。四隅葉上畫四使者：自在天方名修轉勝行，火天方名能滿願者，羅剎方名無染著，風天方名勝解脫。於花臺上想有婀字義如前列，於婀字上想圓一點真如、圓寂、法身、涅槃義也，餘供養旛花莊嚴，一如大壇法式。應作是念：「我今為某甲善男子灌頂，惟願諸佛菩薩降臨道場受我供養。」諦想所請佛菩薩衆皆來集會。

移大壇中寶瓶，隨本方角置之。又於壇周圍界外想四輪使、四淨人，持上寶瓶住月輪中。帝釋方人想如普賢，琰羅方人想如彌勒，龍方人想如滅諸障礙，夜又方人想如離諸惡趣。

即引所灌頂者，入帝釋方門，坐蓮◎花臺上，以種種雜花、塗香、燒香、油燈、旛蓋、清妙音樂而以供養，如不辦者隨力作之。所以爾者，是人坐佛位處故。復以種種歌詠讚歎，令其殷重生歡喜心。說此頌曰：

諸佛覩史下生時，釋梵龍神隨侍衛，種種勝妙吉祥事，願汝今時盡能獲。

迦毘羅衛誕釋宮，龍王澍沐甘露水，諸天供養吉祥事，願汝灌頂亦如是。

金剛座上為群生，後夜降魔成正覺，現諸希有吉祥事，願汝此座悉能成。

波羅奈苑所莊嚴，為五仙人開妙法，成就無量吉祥事，願汝今時咸證獲。

若更有餘讚歎隨意作之，勸發勝心令生利喜。

次應與其灌頂。先想弟子頂有婀字，上有圓點，義同前釋，字放光焰熾然赫奕。又想弟子心中有月輪相，內有八葉蓮花，臺上亦有婀字。若得金剛部，於婀字內想有跋折囉·，◎若得寶部者，◎想有寶珠·，◎若得蓮花部者，想☆有蓮花·，◎若得羯磨部者，想☆有羯磨跋折囉·，◎若得☆毘盧遮那部，想窣覩波。

師應想己身如毘盧遮那像，執弟子所得部瓶（如來部瓶，若是畫像壇，即隨有空處置之，若手印壇，即於壇上置之），各想其部物體在瓶水內，如跋折囉寶珠等。各令結其所得部契，置其頂上，誦其部密語七遍，而用灌之。

金剛部密語曰：

唵　跋折囉　薩埵阿毘詵者（灌頂也）吽

寶部密語曰：

唵　跋折囉　囉怛那阿毘詵者　怛囉

花部密語曰：

唵　跋折囉　達磨阿毘詵者　纈利

業部密語曰：

唵　跋折囉　羯磨阿毘詵者　婀

於彼額上想有攞字，色相如金。想兩目上各有囉（上）字，其色如火，上生光焰。其二足間，想種種色為法輪相，八福莊嚴。

次誦薩埵金剛心密語，加*持塗香已，塗彼胸前，所以作法加持者，為令弟子⊙速成金剛薩埵故。

次以如上所說，頭上作五處置契法已，復結毘盧遮那契，誦本密語，置於彼心上，次喉，次頂上已，即應諦想一切如來祕密勝上頭加彼頭上，即結如所說四種鬘，各隨其部法以繫其額。

若作阿闍梨灌頂法者，應次第如上法，遍用五瓶，以四種鬘，鱗次以繫其額。如是作已，引出壇外，換去濕服，別著淨衣。若是剎利居士，著本上衣，即於壇內置下小床，以襯其濕。引入坐已，師以觀羽執五股拔折囉授其雙手，應以種種方便言詞開誘安慰，為說頌曰：

諸佛金剛灌頂儀，汝已如法灌頂竟，為成如來體性故，汝應受此金剛杵。

說此偈已，誦密語曰：

唵　跋折囉　禰鉢提（尊主）微（亡桂反體性也）怛鑁阿鞞詵者弭（我今灌頂）底瑟咤（住）跋折囉三摩曳薩怛鑁（汝為）（三摩耶也）

論曰：汝已灌頂，獲得金剛尊主竟，此跋折囉常住汝所為三摩耶。

復收取金剛杵。若是寶部者，又於跋折囉上想有寶珠，餘部倣此。誦前偈時，應改初句金剛字為寶珠字，諸部准此改之。

次於弟子本名上加金剛字，作名呼之。應誦此密語：

唵　跋折囉　薩怛鑁磨含(二合汝也)阿毘詵者冥(我灌頂也)跋折囉　娜莽(以名號也)毘曬迦多(灌頂)係(呼聲)　跋折囉　那莽(某甲)

論曰：我與汝灌頂訖，以金剛名號與汝作字，汝名金剛某甲。

若是餘部式，加寶珠、蓮花等，作字呼之。其人若受阿闍梨法者，但以本所得部為名，若須改舊名者，隨意所樂，任擇諸波羅蜜勝名作之。

又以香花種種供具，供養所灌頂者。師應執小金杵子，如治眼法拭其兩目，而告之言：「善男子！世間醫王能治眼翳，諸佛如來今日為汝開無明翳亦復如是，為令汝等生智慧眼見法實相故。」

次復執鏡令其觀照，為說諸法性相。說此偈言：

一切諸法性，　垢淨不可得，　非實亦非虛，　皆從因緣現。
應當知諸法，　自性無所依，　汝今真佛子，　應廣利衆生。

次復收取金剛杵。師於弟子當生恭敬，此人能紹諸佛種故，師應授以商佉，作是告言：「自今已後，諸佛法輪汝應轉之。當吹無上法螺，令大法聲遍一切處，不應於此法中而生疑怖，於諸密語究竟清淨修行理趣，汝應廣為衆生方便開示。善男子！諦聽！若能如是作者，一切如來皆知此人能報佛恩。是故於一切時處，一切持金剛者之所衞護，令汝安樂。」

次應引起至大壇前，為說三摩耶，令其堅固，告言：「善男子！汝應堅守正法，設遭逼迫惱害乃至斷命，不應捨離修菩提心。於求法人不應慳悋，於諸衆生有少不利益事亦不應作。此是最上句義，聖所行處，我今具足為汝說竟，汝當隨順如說修行。」

弟子應自慶幸，合掌頂受。又執五股金剛杵而授與之，告言：「此是諸佛體性，金剛薩埵手所執者，汝應堅護禁戒，常畜持之。」

弟子受已，授此決定要誓密語，令其誦之。密語曰：

唵　薩婆怛他揭多悉地　跋折囉三摩耶底瑟咤(願住)翳沙(今也)怛嚩(亡可反)含(尤甘反於我)馱囉野冥(我今持也)

跋折囉　薩埵係(形以反)係係係吽

論曰：一切如來金剛薩埵成就三摩耶，願住我所，我常守護。

如是作法已，所有一切漫*荼囉，祕密三摩耶智，師應教授。若弟子於三摩耶契有退失者，師應遮制莫令毀壞。弟子於師應恭敬尊重，莫見師短，於同學所莫相嫌恨。應告之言：「汝於一切眾生常生慈愍，哀矜示誨莫生厭離。」為說偈言：

三界極重罪，　不過於厭離，　汝於貪欲處，　應生厭離心。

欲令弟子堅持歡喜故，為說偈言：

此等三摩耶，　諸佛為汝說，　守持善愛護，　當如保身命。

弟子受師教已，頂禮師足白言：「如師教誨，我誓修行。」

復應為諸已灌頂弟子，令其圓滿寂靜法故，為除其災障故，應與作護摩法。

於灌頂壇火天方，不應絕遠，作四肘壇。高一磔手，中鑿君*荼，徑圓一肘，深十二指，好淨泥拭，兩重作椽，內椽高闊各一指，外椽高闊各有四指，底須平正。即於其底，泥作輪像，式跋折囉像。柄向南出如世丁字，柄長四指，闊亦四指，橫頭長八指，高闊各四指。次外作土臺，形如蓮葉。次外敷師坐位，君*荼周圍布吉祥草，為聖衆坐位。灑淨香水，敷草灑水，皆順轉作。

　應以酥酪、乳蜜、乳糜、餅、果，五穀者，謂稻穀、菉豆、油麻、小麥等是。取吉祥樹為柴，如無此樹，取有白汁樹代之，謂穀桑等是。齊整短截，別取小枝如拇指大，長十二指，一百八枚，酥穀及柴並置臺*石，若不能鑿作君*荼，即以赤色畫其形狀，中安火爐，餘如上*作。

　師北面坐，引諸弟子左次列跪。取先淨火，或新鑽者，以香水二具置其臺上，一供養佛菩薩，一供火天，灑水作淨，置君*荼內已，誦此密語：

　南莫三漫多　跋折囉南怛嚩旃荼摩訶路灑那薩發囉耶　吽唅引摩含合二

誦此密語三遍，淨水灑火，并灑茅草諸供具等。

次即然火，勿以口吹，當以物扇。取白檀香泥遍塗君*茶，以白香花散臺四面。於火焰中想有囉(上)字，變為火天，白色髮黃，三目四臂，右邊二手，一執君持，一手執杖；左邊二手，一作無畏相(直前舒掌豎掌向外)，一捻數珠；想火天身遍生火焰。次執香爐請佛菩薩，所謂法式如大壇中說。諦想諸佛菩薩皆來赴會，坐吉祥草。

其師觀羽作無畏相，止羽握腕如臂釧像，即召火天，誦此密語：

唵　婀揭娜多曳(平)儞卑(必迦反)儞跛耶　儞嚩(無可反)濕尾穰(無佉上反)係哩　使薩哆三摩鈝哩呬(上)怛嚩(無可反)婀虎低摩賀嚧婀薩民　散儞係覩婆嚩　唵　阿揭娜曳賀卑(卑迦反)劫弊(毘迦反)婆呵那耶儞卑(必也反)儞跛耶薩摩訶

誦此密語時，想有火天來依如上所想身中。即以香水彈手灑火，次執祭杓酌上酥油、乳蜜等物，各三杓以沃火中，以祭火天。或和雜一處，共酌三杓亦得。祭時每杓誦此密語一遍，密語曰：

納莫三漫多勃陀南　唵婀伽娜曳(平)薩婆呵

師以止羽執金剛杵，以檀度鉤弟子觀羽智度，別以小杓如前沃火，人各各二十一杓，一一心念諸佛菩薩及火天，於五部中心密語隨喜誦之。一杓一遍，以用供養。若須除災者，誦此密語：

納莫三漫多　勃馱南　婀摩訶扇地平伽多摩訶扇陀伽羅鉢唎捨忙達摩涅哩若人者反多薩破婆窣覩婆達摩三漫多　鉢囉多薩婆訶

一一弟子准此作之。若阿闍梨法，加誦之至一百八遍。又以酥油、乳蜜等相拌和已，小杓酌之，數至一百八遍，沃火供養，每杓誦上大乘三摩耶百字密語一遍。若意欲別須供養諸菩薩等，即各隨誦本心密語，或三七、七七，隨意沃之。以上一百八枚小柴，一一兩頭刺酥蜜中，時時投火。所作法已，次應供養給施如上所說座後外八方諸天神眷屬等，准前誦密語法，酌沃火中。

如是作已，師出洗手，還歸本座。如前酌三杓，供養火天訖，告弟子言：「汝已具足得灌頂法，假使以諸世間種種供養，不如己身奉施諸佛菩薩，汝應各發如是心。」

令諸弟子各自發願已，師應手執香爐，遍供養佛菩薩及火天已，即誦密語，請歸本處。即從座起，就大壇位，告弟子言：「諸佛為一切利益眾生故，說此殊勝福田妙法，汝應隨力，各辦香花供養大眾，能令汝得無量果報。」

復為供養一切如來及金剛部眾，應以羯磨契及三摩耶契，如上供養。復以金剛讚歎密語，作四種密供養法已，誦此伽他曰：

金剛薩埵攝授故，得成無上金剛寶，今以金剛法歌詠，願為我作金剛事。

復以金剛舞合掌，及金剛戲笑等，作密供養法。次應手執香花，供養外壇聖眾已，告諸弟子言：「汝等各隨力能供養諸佛。」彼等修供養畢，為欲護諸弟子身故，應於諸佛菩薩所，請所獻花、香、果、餅等少分，各各分賜諸弟子。復令重作要誓，如上所說，不得輒說此法。作教誡已，令弟子各還本位，師即隨力如常念誦禮讚已，即請壇中佛菩薩及眷屬等歸本土。即竪結薩埵金剛契，誦此密語：

唵　訖哩覩嚩(已作勝上也)薩婆薩埵(一切眾生也)遏他(利益)悉提(成就)捺多(授與也)曳(入)他努(隨願)伽檜達凡(三合歸還)　勃陀蜜灑鹽(佛國土)布那囉虐(魚伽反上)麼娜耶微(無桂反復垂降赴也)唵跋折囉　薩埵牟

論曰：已作勝上利益成就，授與一切衆生竟，願一切諸佛菩薩歸還本國，若重請召，惟願降赴！

此契及密語，一切壇中請佛菩薩諸部眷屬還本處者皆悉用。

金剛頂瑜伽中略出念誦經卷第四

南無護法韋馱尊天菩薩

佛經即生活，生活即佛經，
圓滿覺悟諸佛菩薩的生命境界！

全佛文化圖書出版目錄

佛教小百科系列

- ☐ 佛菩薩的圖像解說1-總論‧佛部 320
- ☐ 佛菩薩的圖像解說2-菩薩部‧觀音部‧明王部 280
- ☐ 密教曼荼羅圖典1-總論‧別尊‧西藏 240
- ☐ 密教曼荼羅圖典2-胎藏界上 300
- ☐ 密教曼荼羅圖典2-胎藏界中 350
- ☐ 密教曼荼羅圖典2-胎藏界下 420
- ☐ 密教曼荼羅圖典3-金剛界上 260
- ☐ 密教曼荼羅圖典3-金剛界下 260
- ☐ 佛教的真言咒語 330
- ☐ 天龍八部 350
- ☐ 觀音寶典 320
- ☐ 財寶本尊與財神 350
- ☐ 消災增福本尊 320
- ☐ 長壽延命本尊 280
- ☐ 智慧才辯本尊 290
- ☐ 令具威德懷愛本尊 280
- ☐ 佛教的手印 290
- ☐ 密教的修法手印-上 350
- ☐ 密教的修法手印-下 390
- ☐ 簡易學梵字(基礎篇)-附CD 250
- ☐ 簡易學梵字(進階篇)-附CD 300
- ☐ 佛教的法器 290
- ☐ 佛教的持物 330
- ☐ 佛教的塔婆 290
- ☐ 中國的佛塔-上 240
- ☐ 中國的佛塔-下 240
- ☐ 西藏著名的寺院與佛塔 330
- ☐ 佛教的動物-上 220
- ☐ 佛教的動物-下 220
- ☐ 佛教的植物-上 220
- ☐ 佛教的植物-下 220
- ☐ 佛教的蓮花 260
- ☐ 佛教的香與香器 280
- ☐ 佛教的神通 290
- ☐ 神通的原理與修持 280
- ☐ 神通感應錄 250
- ☐ 佛教的念珠 220
- ☐ 佛教的宗派 295
- ☐ 佛教的重要經典 290
- ☐ 佛教的重要名詞解說 380
- ☐ 佛教的節慶 260
- ☐ 佛教的護法神 320
- ☐ 佛教的宇宙觀 260
- ☐ 佛教的精靈鬼怪 280
- ☐ 密宗重要名詞解說 290
- ☐ 禪宗的重要名詞解說-上 360
- ☐ 禪宗的重要名詞解說-下 290
- ☐ 佛教的聖地-印度篇 200

佛菩薩經典系列

- ☐ 阿彌陀佛經典 350
- ☐ 藥師佛‧阿閦佛經典 220
- ☐ 普賢菩薩經典 180
- ☐ 文殊菩薩經典 260
- ☐ 觀音菩薩經典 220
- ☐ 地藏菩薩經典 260
- ☐ 彌勒菩薩‧常啼菩薩經典 250
- ☐ 維摩詰菩薩經典 250
- ☐ 虛空藏菩薩經典 350
- ☐ 無盡意菩薩‧無所有菩薩經典 260

佛法常行經典系列

- ☐ 妙法蓮華經 260
- ☐ 悲華經 260
- ☐ 大乘本生心地觀經‧勝鬘經‧如來藏經 200

☐ 小品般若波羅密經	220	☐ 解深密經・大乘密嚴經	200
☐ 金光明經・金光明最勝王經	280	☐ 大日經	220
☐ 楞伽經・入楞伽經	360	☐ 金剛頂經・金剛頂瑜伽念誦經	200
☐ 楞嚴經	200		

三昧禪法經典系列

☐ 念佛三昧經典	260	☐ 寶如來三昧經典	250
☐ 般舟三昧經典	220	☐ 如來智印三昧經典	180
☐ 觀佛三昧經典	220	☐ 法華三昧經典	260
☐ 如幻三昧經典	250	☐ 坐禪三昧經典	250
☐ 月燈三昧經典(三昧王經典)	260	☐ 修行道地經典	250

修行道地經典系列

☐ 大方廣佛華嚴經(10冊)	1600	☐ 中阿含經(8冊)	1200
☐ 長阿含經(4冊)	600	☐ 雜阿含經(8冊)	1200
☐ 增一阿含經(7冊)	1050		

佛經修持法系列

☐ 如何修持心經	200	☐ 如何修持阿閦佛國經	200
☐ 如何修持金剛經	260	☐ 如何修持華嚴經	290
☐ 如何修持阿彌陀經	200	☐ 如何修持圓覺經	220
☐ 如何修持藥師經-附CD	280	☐ 如何修持法華經	220
☐ 如何修持大悲心陀羅尼經	220	☐ 如何修持楞嚴經	220

守護佛菩薩系列

☐ 釋迦牟尼佛-人間守護主	240	☐ 地藏菩薩-大願守護主	250
☐ 阿彌陀佛-平安吉祥	240	☐ 彌勒菩薩-慈心喜樂守護主	220
☐ 藥師佛-消災延壽(附CD)	260	☐ 大勢至菩薩-大力守護主	220
☐ 大日如來-密教之主	250	☐ 準提菩薩-滿願守護主(附CD)	260
☐ 觀音菩薩-大悲守護主(附CD)	280	☐ 不動明王-除障守護主	220
☐ 文殊菩薩-智慧之主(附CD)	280	☐ 虛空藏菩薩-福德大智守護(附CD)	260
☐ 普賢菩薩-廣大行願守護主	250	☐ 毘沙門天王-護世財寶之主(附CD)	280

輕鬆學佛法系列

☐ 遇見佛陀-影響百億人的生命導師	200	☐ 佛陀的第一堂課-四聖諦與八正道	200
☐ 如何成為佛陀的學生-皈依與受戒	200	☐ 業力與因果-佛陀教你如何掌握自己的命運	220

洪老師禪座教室系列

- □ 靜坐-長春.長樂.長效的人生 200
- □ 放鬆(附CD) 250
- □ 妙定功-超越身心最佳功法(附CD) 260
- □ 妙定功VCD 295
- □ 睡夢-輕鬆入眠•夢中自在(附CD) 240
- □ 沒有敵者-強化身心免疫力的修鍊法(附CD) 280
- □ 夢瑜伽-夢中作主.夢中變身 260
- □ 如何培養定力-集中心靈的能量 200

禪生活系列

- □ 坐禪的原理與方法-坐禪之道 280
- □ 以禪養生-呼吸健康法 200
- □ 內觀禪法-生活中的禪道 290
- □ 禪宗的傳承與參禪方法-禪的世界 260
- □ 禪的開悟境界-禪心與禪機 240
- □ 禪宗奇才的千古絕唱-永嘉禪師的頓悟 260
- □ 禪師的生死藝術-生死禪 240
- □ 禪師的開悟故事-開悟禪 260
- □ 女禪師的開悟故事(上)-女人禪 220
- □ 女禪師的開悟故事(下)-女人禪 260
- □ 以禪療心-十六種禪心療法 260

密乘寶海系列

- □ 現觀中脈實相成就-開啟中脈實修秘法 290
- □ 智慧成就拙火瑜伽 330
- □ 蓮師大圓滿教授講記-藏密寧瑪派最高解脫法門 220
- □ 密宗的源流-密法內在傳承的密意 240
- □ 恒河大手印-傾瓶之灌的帝洛巴恒河大手印 240
- □ 岡波巴大手印-大手印導引顯明本體四瑜伽 390
- □ 大白傘蓋佛母-息災護佑行法(附CD) 295
- □ 密宗修行要旨-總攝密法的根本要義 430
- □ 密宗成佛心要-今生即身成佛的必備書 240
- □ 無死-超越生與死的無死瑜伽 200
- □ 孔雀明王行法-摧伏毒害煩惱 260
- □ 月輪觀•阿字觀-密教觀想法的重要基礎 350
- □ 穢積金剛-滅除一切不淨障礙 290
- □ 五輪塔觀-密教建立佛身的根本大法 290
- □ 密法總持-密意成就金法總集 650

其他系列

- □ 入佛之門-佛法在現代的應用智慧 350
- □ 如觀自在-千手觀音與大悲咒的實修心要 650
- □ 普賢法身之旅-2004美東弘法紀行 450
- □ 神通-佛教神通學大觀 590
- □ 認識日本佛教 360
- □ 仁波切我有問題-一本關於空的見地、禪修與問答集 240
- □ 萬法唯心造-金剛經筆記 230
- □ 覺貓悟語 280

禪觀寶海系列

- ☐ 禪觀秘要 1200
- ☐ 首楞嚴三昧-降伏諸魔的大悲勇健三昧 420

高階禪觀系列

- ☐ 通明禪禪觀-迅速開啟六種神通的禪法 200
- ☐ 十種遍一切處禪觀-調練心念出生廣大威力的禪法 280
- ☐ 四諦十六行禪觀-佛陀初轉法輪的殊勝法門 350
- ☐ 三三昧禪觀-證入空、無相、無願三解脫門的禪法 260
- ☐ 大悲如幻三昧禪觀-修行一切菩薩三昧的根本 380
- ☐ 圓覺經二十五輪三昧禪觀-二十五種如來圓覺境界的禪法 400

蓮花生大士全傳系列

- ☐ 蓮花王 320
- ☐ 師子吼聲 320
- ☐ 桑耶大師 320
- ☐ 廣大圓滿 320
- ☐ 無死虹身 320
- ☐ 蓮花生大士祈請文集 280

光明導引系列

- ☐ 阿彌陀經臨終光明導引-臨終救度法 350
- ☐ 送行者之歌(附國台語雙CD) 480

佛家經論導讀叢書系列

- ☐ 雜阿含經導讀-修訂版 450
- ☐ 異部宗論導讀 240
- ☐ 大乘成業論導讀 240
- ☐ 解深密經導讀 320
- ☐ 阿彌陀經導讀 320
- ☐ 唯識三十頌導讀-修訂版 520
- ☐ 唯識二十論導讀 300
- ☐ 小品般若經論對讀-上 400
- ☐ 小品般若經論對讀-下 420
- ☐ 金剛經導讀 220
- ☐ 心經導讀 160
- ☐ 中論導讀-上 420
- ☐ 中論導讀-下 380
- ☐ 楞伽經導讀 400
- ☐ 法華經導讀-上 220
- ☐ 法華經導讀-下 240
- ☐ 十地經導讀 350
- ☐ 大般涅槃經導讀-上 280
- ☐ 大般涅槃經導讀-下 280
- ☐ 維摩詰經導讀 220
- ☐ 菩提道次第略論導讀 450
- ☐ 密續部總建立廣釋 280
- ☐ 四法寶鬘導讀 200
- ☐ 因明入正理論導讀-上 240
- ☐ 因明入正理論導讀-下 200

離言叢書系列

- ☐ 解深密經密意 390
- ☐ 如來藏經密意 300
- ☐ 文殊師利二經密意 420
- ☐ 菩提心釋密意 230
- ☐ 龍樹讚歌集密意 490
- ☐ 無邊莊嚴會密意 190
- ☐ 勝鬘師子吼經密意 340
- ☐ 龍樹二論密意 260
- ☐ 大乘密嚴經密意 360
- ☐ 大圓滿直指教授密意 290

談錫永作品系列

- ☐ 閒話密宗 200
- ☐ 西藏密宗占卜法-妙吉祥占卜法（組合） 790
- ☐ 細說輪迴生死書-上 200
- ☐ 細說輪迴生死書-下 200
- ☐ 西藏密宗百問-修訂版 210
- ☐ 觀世音與大悲咒-修訂版 190
- ☐ 佛家名相 220
- ☐ 密宗名相 220
- ☐ 佛家宗派 220
- ☐ 佛家經論-見修法鬘 180
- ☐ 生與死的禪法 260
- ☐ 細說如來藏 280
- ☐ 如來藏三談 300

大中觀系列

- ☐ 四重緣起深般若-增訂版 420
- ☐ 心經內義與究竟義-印度四大論師釋《心經》 350
- ☐ 聖入無分別總持經對堪及研究 390
- ☐ 《入楞伽經》梵本新譯 320
- ☐ 《寶性論》梵本新譯 320
- ☐ 如來藏論集 330
- ☐ 如來藏二諦見 360
- ☐ 《聖妙吉祥真實名經》梵本校譯 390
- ☐ 《聖妙吉祥真實名經》釋論三種 390
- ☐ 《辨中邊論釋》校疏 400

甯瑪派叢書-見部系列

- ☐ 九乘次第論集-佛家各部見修差別 380
- ☐ 甯瑪派四部宗義釋 480
- ☐ 辨法法性論及釋論兩種 480
- ☐ 決定寶燈 480
- ☐ 無修佛道-現證自性大圓滿本來面目教授 360
- ☐ 幻化網秘密藏續釋-光明藏 560
- ☐ 善說顯現喜宴-甯瑪派大圓滿教法 650

甯瑪派叢書-修部系列

- ☐ 大圓滿心性休息導引 395
- ☐ 大圓滿前行及讚頌 380
- ☐ 幻化網秘密藏續 480
- ☐ 六中有自解脫導引 520

藏傳佛教叢書系列

- ☐ 章嘉國師(上)-若必多吉傳 260
- ☐ 章嘉國師(下)-若必多吉傳 260
- ☐ 紅史 360
- ☐ 蒙古佛教史 260
- ☐ 西藏生死導引書(上)-揭開生與死的真相 290
- ☐ 西藏生死導引書(下)-六種中陰的實修教授 220
- ☐ 西藏不分教派運動大師 390
- ☐ 西藏-上 360
- ☐ 西藏 下 450

密法傳承系列

- ☐ 天法大圓滿掌中佛前行講義中疏 680

頂果欽哲法王文選(雪謙)

書名	定價	書名	定價
☐ 修行百頌-在俗世修行的101個忠告	260	☐ 證悟者的心要寶藏-唵嘛呢唄美吽	280
☐ 覺醒的勇氣-阿底峽之修心七要	220	☐ 成佛之道-殊勝證悟道前行法	250
☐ 如意寶-上師相應法	260	☐ 明月-頂果欽哲法王自傳與訪談錄	650
☐ 你可以更慈悲-頂果欽哲法王說明(菩薩37種修行之道)	350	☐ 頂果欽哲法王傳-西藏精神(百歲紀念版)	650

精選大師系列(雪謙)

書名	定價	書名	定價
☐ 遇見•巴楚仁波切-觸動心靈的真心告白	200	☐ 大藥-戰勝視一切為真的處方	250

格薩爾王傳奇系列

書名	定價	書名	定價
☐ 格薩爾王傳奇1-神子誕生	280	☐ 格薩爾王傳奇4-爭霸天下	290
☐ 格薩爾王傳奇2-魔國大戰	260	☐ 格薩爾王傳奇5-萬王之王	280
☐ 格薩爾王傳奇3-奪寶奇謀	280	☐ 格薩爾王傳奇6-地獄大圓滿	290

山月文化系列

書名	定價	書名	定價
☐ 西藏繪畫藝術欣賞-平裝本	480	☐ 西藏健身寶卷	390
☐ 西藏繪畫藝術欣賞-精裝本	680	☐ 達瓦，一隻不丹的流浪犬	240
☐ 西藏傳奇大師密勒日巴唐卡畫傳	580	☐ 西藏格薩爾圖像藝術欣賞-上	480
☐ 密勒日巴唐卡畫傳(精裝經摺本)	890	☐ 西藏格薩爾圖像藝術欣賞-下	480

特殊文化之旅系列

書名	定價	書名	定價
☐ 西藏吉祥密碼(上)-符號、顏色、動植物	260	☐ 西藏《格薩爾》說唱藝人(附贈超值DVD)	350
☐ 西藏吉祥密碼(下)-裝飾藝術、圖案、儀式	260	☐ 西藏民間樂器(附贈西藏傳統音樂CD)	350
☐ 西藏的節慶-拉薩篇	399	☐ 西藏的節慶-各地采風篇	399

達賴喇嘛全傳

書名	定價
☐ 五世達賴-第一函-上	380
☐ 五世達賴-第一函-下	390
☐ 五世達賴-第二函-上	250
☐ 五世達賴-第二函-下	250
☐ 五世達賴-第三函-上	220
☐ 五世達賴-第三函-下	220
☐ 四世達賴-雲丹嘉措傳	220
☐ 三世達賴-索南嘉措傳	295
☐ 二世達賴-根敦嘉措傳	220
☐ 一世達賴 根敦珠巴傳	250

全套購書85折、單冊購書9折

（郵購請加掛號郵資60元）

全佛文化事業有限公司
新北市新店區民權路95號4樓之1
Buddhall Cultural Enterprise Co.,Ltd.
TEL:886-2-2913-2199
FAX:886-2-2913-3693
匯款帳號：3199717004240
合作金庫銀行大坪林分行
戶名：全佛文化事業有限公司

佛法常行經典系列10

《金剛頂經・金剛頂瑜伽念誦經》

編　者　全佛編輯部
出　版　全佛文化事業有限公司
訂購專線：(02)2913-2199
傳真專線：(02)2913-3693
發行專線：(02)2219-0898
匯款帳號：3199717004240 合作金庫銀行大坪林分行
戶　名：全佛文化事業有限公司
E-mail:buddhall@ms7.hinet.net
http://www.buddhall.com
門　市　新北市新店區民權路95號4樓之1（江陵金融大樓）
門市專線：(02)2219-8189
行銷代理　紅螞蟻圖書有限公司
台北市內湖區舊宗路二段121巷19號（紅螞蟻資訊大樓）
電話：(02)2795-3656
傳真：(02)2795-4100
初　版　一九九六年十月
初版四刷　二〇一六年九月
定　價　新台幣二〇〇元
ISBN　978-957-9462-50-1（平裝）

國家圖書館出版品預行編目資料

金剛頂經・金剛頂瑜伽念誦經 / 全佛編輯部
主編. -- 初版. -- 臺北市：全佛文化,
1996 [民85]面；　公分. --
(佛法常行經典系列：10)

ISBN 978-957-9462-50-1(平裝)

1.秘密部
221.92　　85011375

Published by BuddhAll Cultural Enterprise Co.,Ltd.